Marcus C. Leitschuh
Bruder Paulus Terwitte
Klaus Vellguth (Hg.)

PRAY & MORE

Marcus C. Leitschuh · Bruder Paulus Terwitte · Klaus Vellguth (Hg.)

Pray & more

DAS JUGENDGEBETBUCH

Manuel

18 Jahre

3. Oktober 2009

BUTZON & BERCKER
Verlag Haus Altenberg

Bibliografische Information der Deutschen Nationalbibliothek
Die Deutsche Nationalbibliothek verzeichnet diese Publikation in der Deutschen Nationalbibliografie; detaillierte bibliografische Daten sind im Internet über http://dnb.d-nb.de abrufbar.

ISBN 978-3-7666-1280 9 (Verlag Butzon & Bercker, Kevelaer)
ISBN 978-3-7761-0225-3 (Verlag Haus Altenberg, Düsseldorf)

Umschlaggestaltung und Satz: Kai Serfling, Leipzig
Druck und Bindung: Bercker Graphischer Betrieb, Kevelaer

INHALT

VORWORT DES JUGENDBISCHOFS

Pray! Bete!

Und du öffnest ein Fenster zum Himmel. Schrei in der Not und juble in der Freude. Dann merkst du plötzlich: Beten ist die Überraschung! Du bist nicht allein. Es gibt noch mehr. Gott klopft an.

Beten weitet den Horizont. Man merkt es den Gebeten in diesem Buch an. Viele junge Menschen haben sie geschrieben. Die Texte sind packend und manche provozieren auch mit ihren Fragen. Warum auch nicht?! Fragend beten – betend fragen. Und in Gott Antworten finden. Möge das mit Pray gelingen.

Aber dieses Jugendgebetbuch will **more.** Es bietet dir Hinweise zur Mitfeier des Gottesdienstes, zum Lesen in der Bibel und zum Gebet mit allen Sinnen.

Möge dir dieses Buch helfen, erdverbunden mit beiden Beinen auf dem Boden zu stehen und mit Herz und Verstand immer auch himmelwärts orientiert zu sein. Denn Gott wandelt unsere Ängste, Sorgen und Fragen. Er führt uns aus der Enge unserer eigenen Begrenztheit ins Weite. Er will uns Gemeinschaft mit ihm und Leben in Fülle schenken.

Jugendbischof Franz-Josef Bode (Osnabrück)

GEBET ZUR
EINSTIMMUNG

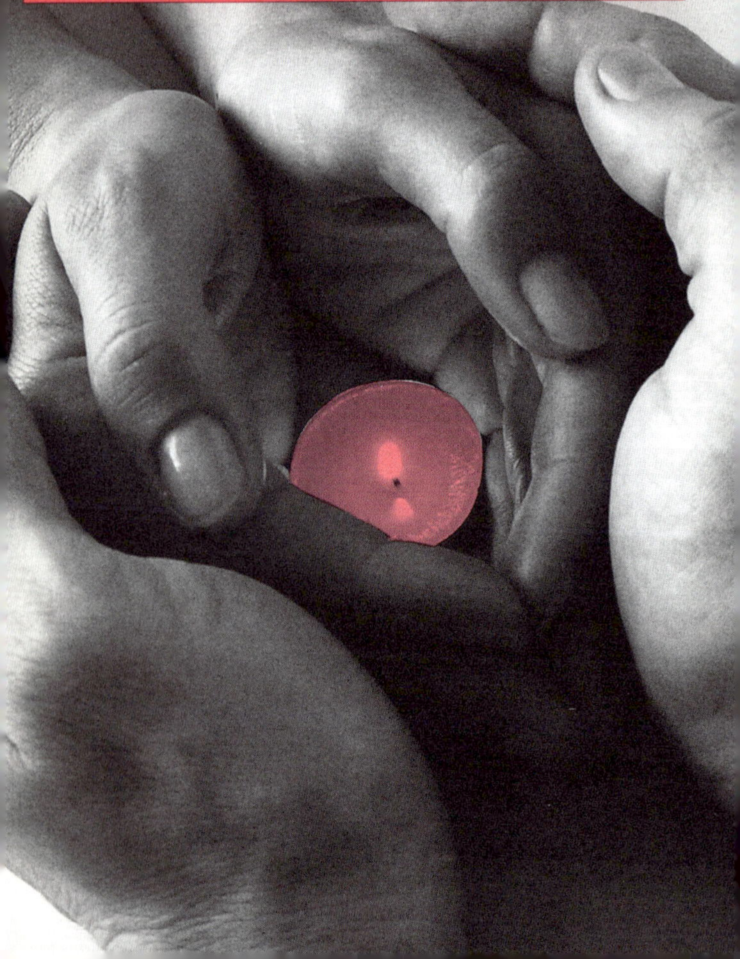

Herr Jesus Christus, Erlöser der Welt, du bist Mensch geworden, um uns das Leben in Fülle zu schenken. Du bleibst in deiner Kirche bei uns bis zum Ende der Zeit. Dann wird sich dein Reich vollenden: der neue Himmel und die neue Erde – voll Liebe, Gerechtigkeit und Frieden. Darauf hoffen wir, darauf bauen wir, dafür danken wir dir.

Wir bitten dich, Herr: Segne die jungen Menschen auf der ganzen Welt. Zeige dich denen, die nicht an dich glauben. Stärke den Glauben derer, die sich zu dir bekennen, und lass sie immer neu aufbrechen zu dir. Mach sie zu Baumeistern einer neuen Zivilisation der Liebe und zu Zeuginnen und Zeugen der Hoffnung für die ganze Welt. Sei durch sie auch all denen nah, die Hunger, Krieg und Gewalt erleiden.

Schenk in diesen Tagen deiner Kirche neue Kraft, damit sie in der Welt Zeugnis für dich ablegt. Darum bitten wir dich, unseren Herrn und Gott, der du mit dem Vater und dem Heiligen Geist lebst und herrschst in alle Ewigkeit. Amen.

Frère Roger, Taizé
Gebet in der Vorbereitung auf den Weltjugendtag 2005 in Köln

MUT ZUM BETEN –
TEXTE, DIE BEWEGEN

PRAY

MEINE ENGEN GRENZEN –
Stichwort: Identität

ICH BIN

Groß
Weißhäutig
Braunhaarig
Ich bin, was ich bin.

Ich bin
Musikalisch
Selbstkritisch
Menschenfreundlich
Ich bin, was ich bin.

Ich bin
Frech
Ruhig
Glücklich
Ich bin, was ich bin.

Ich bin
Geliebt
Beschützt
Aufgehoben
Ich bin, was ich bin.

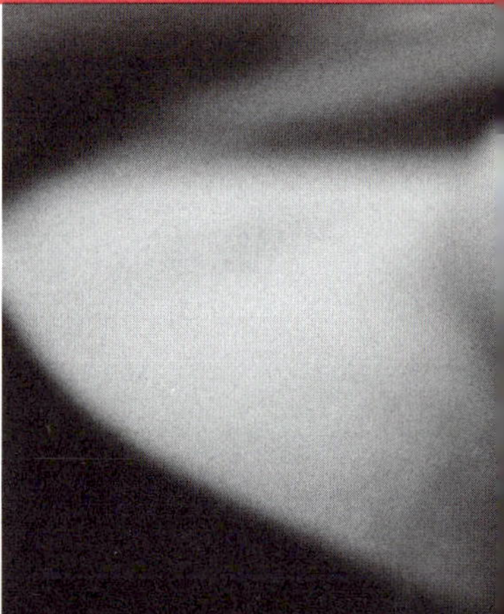

Ich bin
Schnelllebig
Vielschichtig
Weltmännisch
Ich bin, was ich bin.

Ich bin
Nicht so wie du
Nicht so, wie ich sein soll
Nicht so, wie mich andere
gerne hätten
Ich bin, was ich bin.

Ich bin
Von Gott beschützt
Von Gott begleitet
Von Gott geliebt
Ich bin, was ich bin, und Gott hilft mir dabei.

Steffen Müller

Ich schmeiß mich aufs Motorrad,
dreh kräftig auf,
rase die Straßen entlang,
Krach muss es machen, Krach,
damit alle mich hören.
Damit auch du mich hörst,
hey, Gott, hörst du,
verdammt noch mal,
soll ich, soll'n wir hier durchdreh'n?

Da knallt's mich hin,
rammt mich gegen die Wand,
drischt mich zu Boden.
Ich schieße zwischen den Sternen hindurch.
Hinein ins schwarze Loch.
Krieche auf allen Vieren.

Ich flackere aus fremden Feuern,
bevor sie langsam verlöschen,
schlüpf in mich selbst zurück.

Dann ist der Boden kalt,
die Erde feucht,
Nebel dampft aus meinem Haar.

Ich lasse den Kopf sinken,
lehne die Stirn, die Wange, das Ohr,
ich weiß nicht, woran.
Taste mit wunden Fingern,
ich weiß nicht, wohin ...

Hier bin ich, leise, von irgendwoher, hier.

Ralph Roger Glöckler

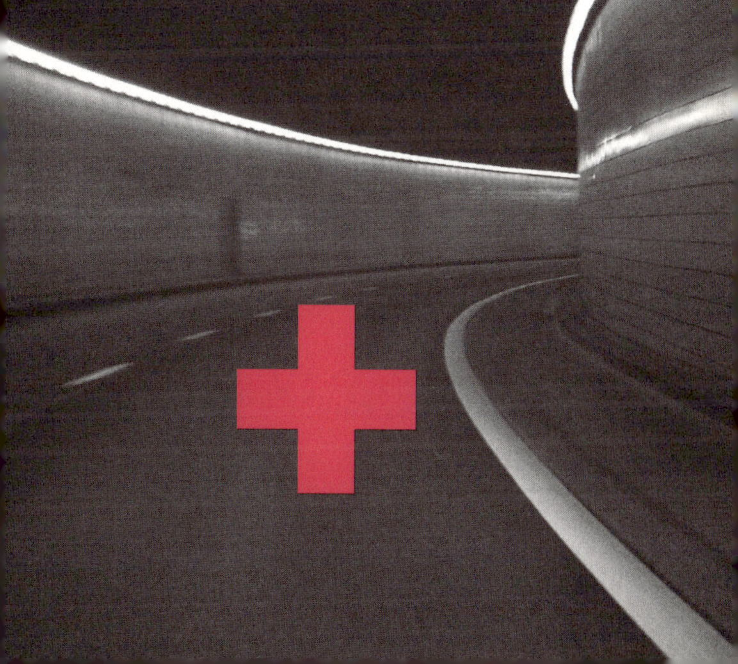

FRAGEN, SO VIELE FRAGEN

Vater, ich habe so viele Fragen. Woher komme ich, warum bin ich hier, was soll ich hier auf Erden, was ist mein Ziel? Es dreht sich alles um mich, ich finde keinen Halt und keine Antworten.

Vater, wo bist du? Vater, ich brauche dich doch. Schenke mir ein Licht der Hoffnung und Wärme in meinem Herzen, damit ich auch bei einem noch so großen Sturm die Bucht nicht verliere und meinen Hafen in deinen Armen finde. Du schenkst Ruhe und Geborgenheit.

Sende mir deinen Heiligen Geist, damit ich Antworten auf die Fragen finde. Schenke mir das Vertrauen, in dir geborgen zu sein, schenk mir die Kraft, immer wieder nach dir zu suchen. Lass mich Menschen finden, die mir Wegbegleiter aber auch Stützen sind ... Jesus, lass mich erspüren, was mich bewegt!

Stephanie Reißfelder

HERR, DAS LEBEN IST WIE EINE BERG- UND TALFAHRT. MEINE LAUNEN WECHSELN WIE DER WIND. MACH MICH MIT DEINEM GEIST BESTÄNDIG UND STARK.

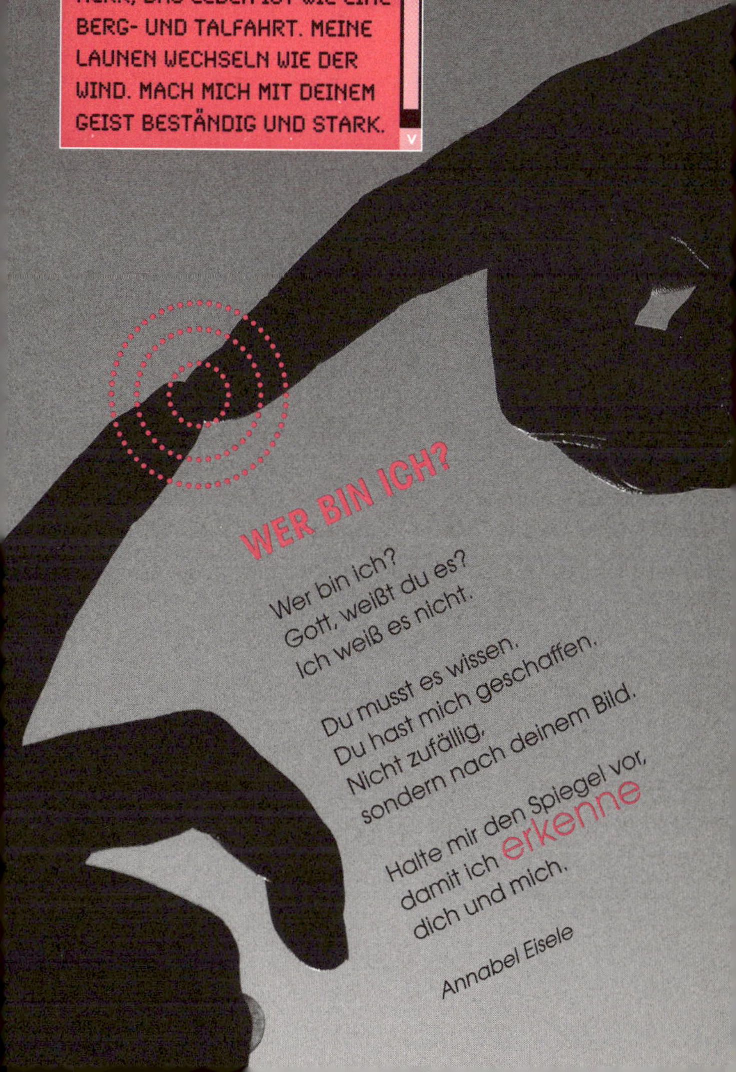

WER BIN ICH?

Wer bin ich?
Gott, weißt du es?
Ich weiß es nicht.

Du musst es wissen.
Du hast mich geschaffen.
Nicht zufällig,
sondern nach deinem Bild.

Halte mir den Spiegel vor,
damit ich erkenne
dich und mich.

Annabel Eisele

Hoffest
Weinfest
Herbstfest
Straßenfest
Brunnenfest
Wer soll da noch Lust haben auf Feiern – mit Gott?

Pizza
Bratwurst
Hamburger
Früchteeisbecher
Wiener Schnitzel
Wer soll da noch Hunger haben – nach Gott?

Bier
Sekt
Wein
Bowle
Orangensaft
Wer soll da noch Durst haben – nach Gott?

Karibik
Mallorca
Thailand
Costa Brava
Dominikanische Republik
Wer soll sich da noch auf die Reise machen – zu Gott?

Fredi Bernatz

HERR, ICH HABE HEUTE LAUNE ZUM BÄUMEPFLANZEN. ICH KÖNNTE DIE GANZE WELT UMARMEN UND DIR, DEM SCHÖPFER, EINEN GROSSEN LOBGESANG ANSTIMMEN.

MEIN LEBEN?

HEILIGER GEIST, STELLE MEIN LEBEN AUF DEN KOPF. AUS ANGST SOLL MUT, AUS TRAURIGKEIT FREUDE, AUS DUNKELHEIT LICHT, AUS ENGE WEITE UND AUS HASS SOLL LIEBE WERDEN.

Ist das mein Leben?

Aufstehen – Straßenbahn – verschlafene Gesichter – langweiliger Unterricht – Klassenarbeiten – Vierer – Tadel – kaum ein Lob – Hausaufgaben – Fernsehen – Disco – Schlafen – Aufstehen – und alles fängt von vorne an.

Ist das ein Leben? – Mein Leben? Ich habe es mir anders vorgestellt, besser!

Vor einer Woche kam Silvia in unsere Klasse. Die ist so ganz anders. Sie hört im Unterricht zu, beteiligt sich, zeigt Interesse. Und dabei ist sie eigentlich ganz normal. Vor ein paar Tagen erzählte sie, dass sie an Gott glaube. Eine Freundin hat sie gesehen, als sie sonntags zur Kirche ging.
Ist sie deshalb so anders? Bis jetzt ist sie immer froh und freundlich, kameradschaftlich. Ich habe den Eindruck, dass sie ihr Leben in der Hand hat, dass sie ihr Leben wirklich lebt, dass sie ein Geheimnis hat, etwas, das sie glücklich macht.

GOTT – bist DU ihr Geheimnis?
Gibst du ihr die innere Freude?
Machst du ihr Leben so reich?
Wenn das so ist, dann lass mich dich auch entdecken, denn mein Leben ist kein Leben.

Rosemarie

EIN BISSCHEN WIE WIR

Dass wir unterwegs sein wollen
und nicht stehen bleiben können,
dass wir nicht zufrieden sind mit dem,
was ist und was wir erreicht haben,
dass wir unser Leben immer neu probieren,
dass wir neugierig bleiben und Zweifel hegen,
das alles macht es nicht gerade einfacher.

Dass wir uns aber auf dich verlassen können,
dass wir in dir, Jesus, einen kennen,
der auch den schwierigen Weg wählte,
der sich auch nicht da bewegte,
wo alle gehen,
der auch zweifelte,
der sich nichts hat sagen lassen
und der doch ein bisschen so war,
wie wir sein wollen,
das gibt uns immer wieder Mut.

Andreas Wanzke

ICH WEISS NICHT, WER ICH BIN

gott, wer bin ich?
ich weiß nicht, wer ich bin
ich werde erwachsen
und bin doch noch kind
sagen meine eltern
andere sagen, ich sei dein kind.

gott, wer bin ich?
ich bin mir oft fremd
dann wieder ganz vertraut
suche nach mir
nach dem totalen leben

gott, wer bin ich?
wie ist deine antwort?
ich warte und hoffe.
ich,

Karl H. Köster

Guter Gott,
du hast uns in diese Welt gestellt,
damit wir sie ein bisschen besser verlassen,
als wir sie vorgefunden haben.

Aber wir werden schnell mutlos.
Jugendliche finden keinen Ausbildungsplatz.
Menschen leben in bitterster Armut.
Kriege erschüttern den Frieden.
Deine Schöpfung wird zerstört.

Diese Welt
ein bisschen besser zu verlassen,
als wir sie vorgefunden haben,
das fordert unser ganzes
Engagement.

Lass uns allzeit bereit sein,
für eine bessere Welt zu kämpfen.
Sei bei uns und schenke uns Kraft und Zuversicht.

Dagmar Ender

ICH GLAUBE

Glaube ich, was zu glauben ist?
Vertraue ich, wem zu vertrauen ist?
Weiß ich, was zu wissen ist?
Wissen? Vertrauen? Glauben?
Glauben! Vertrauen! Wissen!

Was weiß ich?
Wem vertraue ich?
Was glaube ich?
Wissen? Vertrauen? Glauben?
Glauben! Vertrauen! Wissen!

Glaube ich an den, der Böses zulässt?
Vertraue ich dem, der Böses zulässt?
Weiß ich, dass er dies zulässt?
Glauben bedeutet Vertrauen!
Ich glaube, im Vertrauen das Richtige zu wissen.

Heinrich Mainka

LEER

Vollkommen leer
und doch voller Eindrücke.

Ausgebrannt
und doch neugierig auf alles, was kommen mag.

Nicht mehr können
und doch noch einmal alles geben.

Keine Lust mehr haben
und doch brennen aufs Neue.

Nicht mehr weiterwollen
und doch den nächsten Schritt verlangen.

Voller Termine
und doch Zeit für dich finden.

Teresa Krauth

VATER, SCHLECHTE LAUNE IST WIE EINE FESTE FESSEL. BEFREIE MICH, ERLÖSE MICH UND BEWAHRE DIE MENSCHHEIT VOR MIR IN DIESEM ZUSTAND.

FRIEDEN, WACH AUF!

Mein Gott,
warum überwiegt der Zweifel so oft die Hoffnung?
Warum nimmt die Hilflosigkeit
so oft den Platz von Mut ein?
Warum taucht so oft Enttäuschung auf,
während die Freude schläft?
Warum herrscht so oft Verzweiflung,
wenn Gewissheit triumphieren sollte?

Ich verstehe nicht. Weder mich noch dich.
Suche nach etwas, das mir verborgen ist.
Greife nach etwas in der Ferne.
Verliere mich im Strudel des Alltags.
Möchte endlich entkommen
und dem Frieden Raum geben.
Wach auf!

Rebekka Plüss

JESUS, HEUTE MÖCHTE ICH JEMANDEN NEU ENTDECKEN, JEMANDEM EINE FREUDE BEREITEN, MAL WIEDER ETWAS VON MIR HÖREN LASSEN UND MIT DIR NEU AUFSTEHEN.

Verstehen, was uns schmerzt.
Vergeben, was uns verletzt.
Lieben?

Dem, der dich schlägt, die andere Wange,
dem, der dich beschämt, die Hand,
Stolz verschenken,
Wut mit Nachsicht entwaffnen.

Wie empörend, unmenschlich, radikal, wie,
wir wagen es kaum zu sagen,
göttlich, der es vollbringt.

wüste

kannst du den schrei in mir drinnen nicht hören?
kannst du das gebet nicht hören,
das von meinen lippen kommt?
kannst du die tränen nicht hören,
die mein gesicht hinunterrollen?
kannst du die stimme meines herzens nicht hören?

kannst du den schrei in mir drinnen hören?
kannst du das gebet hören,
das von meinen lippen kommt?
kannst du die tränen nicht hören,
die mein gesicht hinunterrollen?
kannst du die stimme meines herzens hören?

kannst du es hören?
höre mich!

wo ist der regen in dieser wüste?
wo ist der stern in dieser nacht?
wo ist die sonne in diesen kalten tagen?
wo bist du in diesem schmerz?

ich weiß, dass du den schrei in mir drinnen hörst.
ich weiß, dass du das gebet hörst,
das von meinen lippen kommt.
ich weiß, dass du die tränen hörst,
die mein gesicht hinunterrollen.
ich weiß, dass du die stimme meines herzens hörst.

ich weiß, dass du mich hörst.

Rebekka Plüss

MENSCHEN AUF DIESEM WEG

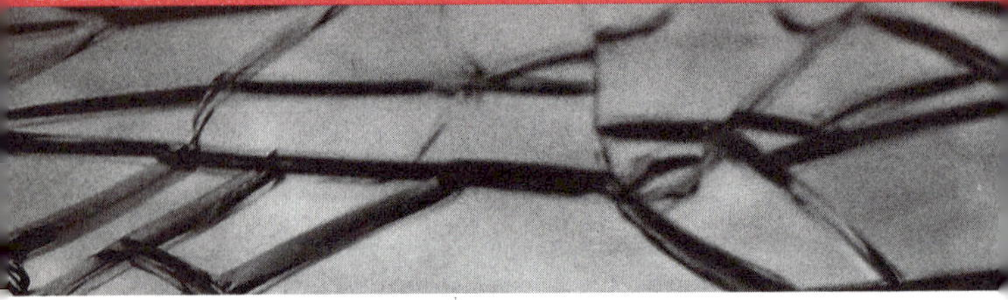

Wie viele Menschen
sind diesen Weg vor mir gegangen?
Wie viele Menschen
haben den Sonnenuntergang von diesem Hügel aus betrachtet?
Wie viele Menschen
haben Rast im Schatten dieses Baumes gemacht?
Wie viele Menschen
sind an dieser Wegkreuzung stehen geblieben?
Wie viele Menschen
haben an diesem Berg fast aufgegeben?
Wie viele Menschen
suchen sich selbst?
Wie viele Menschen
suchen dich?

Keine Antwort auf all diese Fragen. Aber ich habe das Gefühl, auf diesem Weg mit ihnen verbunden zu sein. Das treibt mich voran, dem Ziel entgegen.

Michael Ganster

WARUM?

Nennst du das Gerechtigkeit?
Die Uhr ist abgelaufen.
Unsere Träume und Wünsche – an die Zeit verloren.
Viel zu früh aus unserer Mitte gerissen.
Wir hatten noch so viel vor.
Der Schmerz ist unerträglich.
Doch die Erinnerung bleibt ewig.

Elisabeth Richter

Gibt es dich?

Ich weiß es nicht.
Ich spüre etwas.
Doch bist du es?
Oder ist es doch nur ein Traum?

Ich fühle etwas, ganz tief in mir.
Bist du hier?
Ich brauche dich.
Beschützt du mich?
Bist du bei mir?

Ich habe Angst, dass ich allein bin.
Ich habe Angst, dass ich falsch handele.
Ich habe Angst, dass ich den falschen Weg gehe.

Ich habe so viele Fragen.
Wer beantwortet sie?
Gibt es dich wirklich?

Und doch:
Tief im Herzen weiß ich:
Ich glaube an dich.
Ich spüre dich.
Du bist in mir.
Du bist bei mir.
Du zeigst mir den richtigen Weg.

Christine Maurer

GOTT SCHENKE DIR EIN HELLES LACHEN. ER GEBE DIR EIN FROHES UND WEITES HERZ. ER ERFÜLLE DICH MIT FREUDE UND MIT UNERSCHÜTTERLICHER HOFFNUNG.

SCHENK MIR KRAFT

Es gibt Tage, da bin ich nur schwer zu verstehn, ganz ehrlich kapier ich mich selber kaum. Wo ich auch hinschau, ich kann nur Mauern sehn. Ich will abhaun, will fliehn, viel zu eng ist der Raum.

Jesus, what would you do in my place?
Jesus, tell me your words, show me your face!
Jesus, show me the way to a new beginning,
help me believe, and against dark, I will succeed.

Es gibt Wege, die scheinen ins Dunkel zu führen, ich seh keinen Sinn und weiß kein Ziel. Tief im Innern kann ich nur Ohnmacht spüren, Perspektiven sind weit, Zweifel lähmt mein Gefühl.

Jesus, what would you do in my place?
Jesus, tell me your words, show me your face!
Jesus, show me the way to a new beginning,
help me believe, and against dark, I will succeed.

Schenk mir Flügel und Kraft, um wieder aufzustehen, bin zu lang schon gefangen im eigenen Turm. Lass dein Beispiel in mir wie Samen aufgehen, vertreib meine Trägheit, entfache den Sturm.

Jesus, what would you do in my place?
Jesus, tell me your words, show me your face!
Jesus, show me the way to a new beginning,
help me believe, and against dark, I will succeed.

Rita Grindl

AFT

GERÜST DES GLAUBENS

Herr, das Gerüst des Glaubens ist ins Wanken geraten. Es wackelt bedenklich. Erschüttert durch Not und Leid, durch Krieg und Schmerz zweifeln Menschen am Glauben. Hilf mir, auf meine Weise dazu beizutragen, dass die Zweifel besiegt werden können. Hilf mir, auch das wankende Gerüst zu besteigen und deinen Glauben zu leben.

Peter Geilmann

TROTZDEM

Mein Gott! Mein Gott!
Ich kann dich nicht sehen,
doch ich glaube
an dich.
Manchmal sehe ich nicht,
dass du mir hilfst,
doch ich glaube
an dich.
Oft verstehe ich deine
Wege nicht,
doch ich glaube
an dich.

Elisabeth Richter

VATER IM HIMMEL, AN JEDEM ORT UND ZU JEDER ZEIT BIST DU BEI MIR. DU KENNST MEIN LACHEN UND ZÄHLST JEDE TRÄNE. IN DIR BIN ICH GEBORGEN FÜR IMMER.

JEMAND

Manchmal habe ich das Gefühl,
dass mir einfach alles misslingt.
Dann brauche ich jemanden,
der mir wieder Vertrauen in mein Tun schenkt.

Manchmal fühle ich mich
von allen ausgestoßen.
Dann brauche ich jemanden,
der zu mir hält.

Manchmal kann ich
mich selbst nicht leiden.
Dann brauche ich jemanden,
der mir zeigt, wie liebenswürdig ich bin.

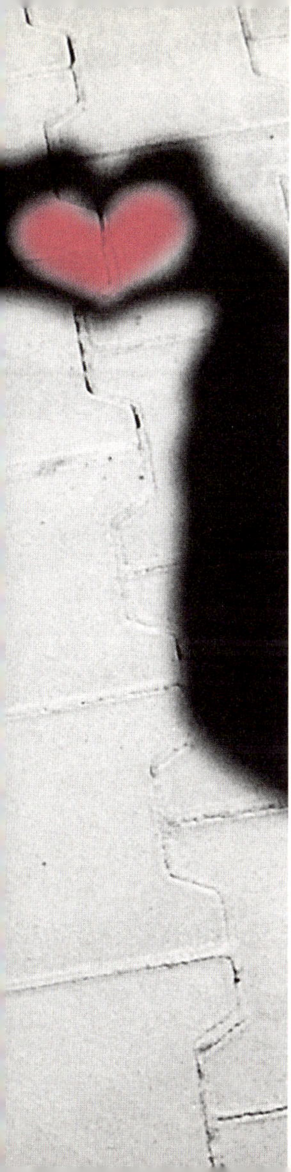

Manchmal fühle ich mich
von allen missverstanden.
Dann brauche ich jemanden,
der mir sagt, dass er mich versteht.

Manchmal glaube ich,
in ein Loch ohne Boden
zu fallen.
Dann brauche ich jemanden,
der mich auffängt.

Manchmal fühle ich mich
ganz allein.
Dann brauche ich jemanden,
der mich fest in den Arm nimmt.

Manchmal habe ich das
Gefühl, nicht zu wissen,
wie es weitergehen soll.
Dann brauche ich jemanden,
der mich bei meinen
Entscheidungen
unterstützt und mir den Weg zeigt.

Bitte, guter Gott,
sei du dieser jemand.

Kolpingjugend Diözesanverband
Hildesheim

DAHEIM BEI 1 KOR 13

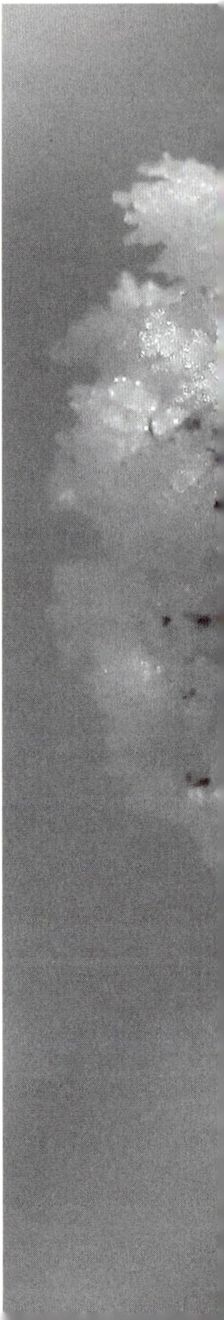

Kürzlich haben
nach einem echt langweiligen Tag
der Glaube, die Hoffnung und die Liebe
noch auf dem Sofa rumgehangen.

Ich glaub, ich geh ins Bett,
sagte der Glaube.
Kommt nix mehr im Fernsehen?,
fragte die Hoffnung.

Ich geh mir nur noch eben schnell
ein Päckchen Kippen zieh'n,
sagte die Liebe
und warf sich den Mantel über.
Denn es war schon November geworden.

Es war kein Bier mehr im Haus.
Und auch sonst im Kühlschrank
gähnende Leere.
Und im Fernsehen gab's nur Mist.
Aber das hatte die Hoffnung
schon gewusst und sagte:
Ich schau bloß noch Nachrichten,
dann komme ich auch ins Bett.

Ist okay, sagte der Glaube, aber seltsam,
als er beim Zähneputzen
in den Spiegel sah
und darin hinter sich die Uhr:
Sag mal, wo bleibt die Liebe nur?

Christian Linker

1KOR13

BRINGE ICH VOR DICH –

Stichwort: Jesus Christus

NICHT NUR IM HIMMEL

Gott im Himmel,
wir glauben an dich,
wir sind jung und stecken voll Hoffnung,
wir haben Sehnsucht nach dir.
Gott unser Vater,
deswegen wohnst du nicht nur im Himmel,
sondern auch in unseren Herzen.

Stärke unseren Glauben,

damit eine friedvolle Welt entstehen kann,
in der Völker aller Länder und Hautfarben
in Frieden leben können.

Frank Nguyen

BREITE DEINE ARME AUS

Wenn ich dir, Gott, begegne,
kipp ich nicht um.

Dich spreche ich an
mit ausgebreiteten Armen.

Mit Jesus, meinem Bruder,
gehe ich auf dich zu.

Durch ihn traue ich mich,
dir alles zu sagen.

Fang meine Signale auf.
Und breite du deine Arme aus für mich.

Klaus Vellguth

LOBEN WILL ICH DICH

mein gott, dies sind worte eines menschen, der dich sucht. der in seiner not dein angesicht sehen will. der dir fragen stellen oder vielleicht einfach nur geborgenheit finden möchte. der sich seine einzige rettung in dir erhofft. der sich nur dir anvertraut. der nur bei dir das gefühl von sicherheit hat und dessen wunsch sich in dir erfüllt. der seinen schmerz mit dir teilen und dich dafür loben möchte, dass er nie vergessen hat, wo er seinen trost findet und

wahren frieden verspürt. dass er den schatz des wissens niemals verloren hat, des wissens, wo die rastlosigkeit ein ende nimmt und die trauer ihren schleier niederlegt. wo schutzlosigkeit keinen platz mehr hat und wo schmerz weichen muss. wo freude aufkommt und zufriedenheit den raum erfüllt. wo vergebung ins licht rückt und hoffnung ihren platz einnimmt. wo die liebe dem blick wieder einen halt verleiht und das leben einen neuen glanz erhält.

Rebekka Plüss

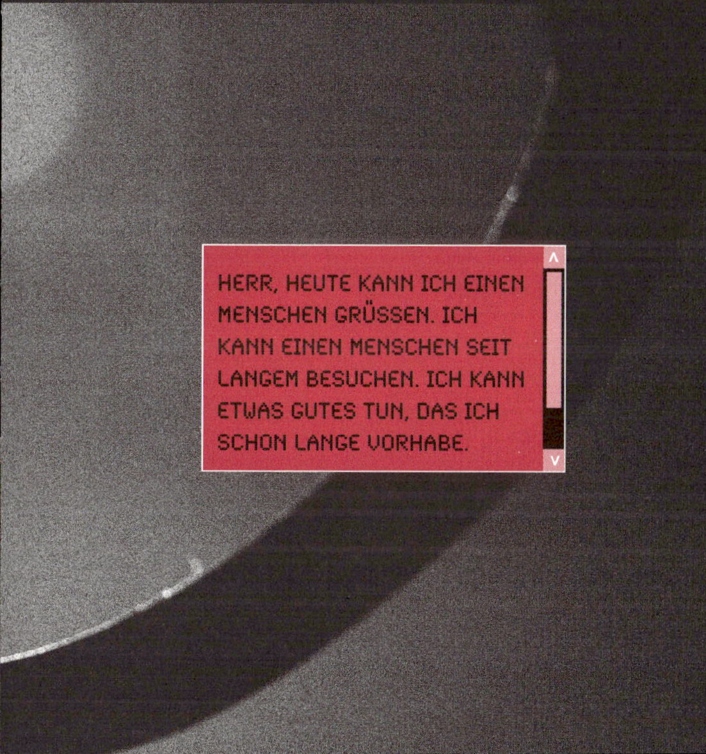

Vater, lass mich wachsen wie eine Pflanze:
meine Wurzeln in die Erde schlagen,
die Sonne spüren, die von oben scheint,
das Herz voll Freude über jeden neuen Tag,
der mich wachsen und blühen lässt.

Lass mich den Raum nutzen, den du mir gibst,
die Wolken nicht fürchten, die vorüberziehen,
den Regen genießen, der Klarheit bringt.

Und wenn es dunkel wird,
weiß ich, du bist bei mir,
gibst mir festen Stand auf der Erde
und Halt wie niemand sonst.

Hilf mir, zu stehen wie ein Baum
und jedem Windstoß zu trotzen,
der mir ins Gesicht fährt.

Du liebst mich, so wie ich bin.
Hilf mir zu sein, wer ich bin.
Mein Vater, lass mich sein wie eine Pflanze …

Martina Weber

ICH GLAUBE

Ich glaube
nicht alles
sofort.

Ich glaube
mich langsam
in dich
hinein.

Klaus Vellguth

HERR, HEUTE
WILL ICH IN
DEINEN SPUREN
GEHEN, AUSPRO-
BIEREN, WIE MAN
DARIN GEHT.
LIEBEVOLL UND
VOLL FRIEDEN,
RÜCKSICHTS-
VOLL UND
DANKBAR.

Der Bundespräsident schwört auf die Verfassung. Der Nationalkicker singt seine Hymne. Die Olympiateilnehmer tragen stolz ihre Fahne. Jeder sagt, zu wem er gehört. Das christliche Bekenntnis ist fast 1700 Jahre alt. Es ist das Bekenntnis zum Gott Christi und beginnt mit den Worten: „Ich glaube".

Klaus Vellguth

MENSCHEN

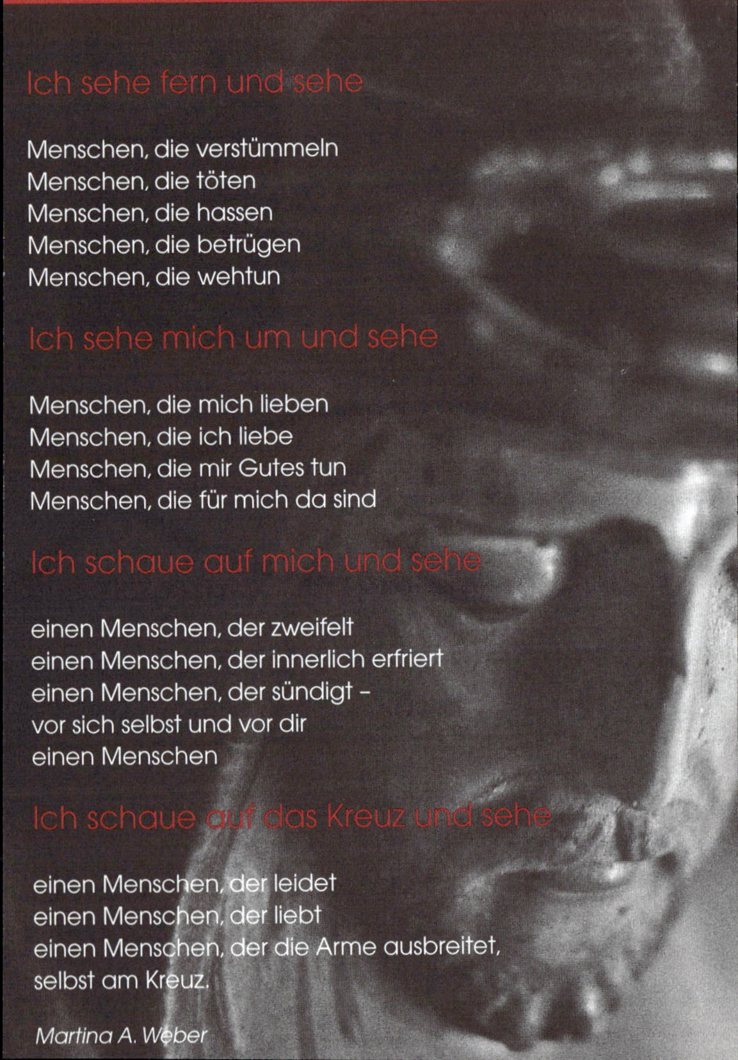

Ich sehe fern und sehe

Menschen, die verstümmeln
Menschen, die töten
Menschen, die hassen
Menschen, die betrügen
Menschen, die wehtun

Ich sehe mich um und sehe

Menschen, die mich lieben
Menschen, die ich liebe
Menschen, die mir Gutes tun
Menschen, die für mich da sind

Ich schaue auf mich und sehe

einen Menschen, der zweifelt
einen Menschen, der innerlich erfriert
einen Menschen, der sündigt –
vor sich selbst und vor dir
einen Menschen

Ich schaue auf das Kreuz und sehe

einen Menschen, der leidet
einen Menschen, der liebt
einen Menschen, der die Arme ausbreitet,
selbst am Kreuz.

Martina A. Weber

VOM TOD ZUM LEBEN

Da war einer,
der war am Ende,
dessen Leben war verdorrt,
der war ganz unten,
der war am Ende,
der war mitten im Leben schon tot.

Da war einer,
der sah ihn kommen,
schon von Weitem,
der hatte ihn im Blick,
der hatte ihn nicht abgeschrieben.

Da war einer,
den konnte nichts mehr halten,
der lief ihm entgegen,
der kartete nicht nach,
der machte keine Vorwürfe,
der war kein Buchhalter.

Da war einer,
der öffnete seine Arme,
der war nur Freude,
der war nur Liebe.

Da war einer,
der machte das Leben zum Fest,
der schaffte Freude,
der wollte Lebensfülle.

Da war einer,
der brach auf,
der kehrte um,
der fand vom Tod zum Leben.

Da war einer und
da ist einer,
den will ich finden,
der auf der Suche nach mir ist,
zu dem es mich hinzieht,
der kommt mir entgegen.

Da war einer und
da ist einer,
bei dem ist Leben in Fülle,
auch heute noch.
Gott sei Dank!

Frank Reintgen

SEINE STIMME HÖREN

Jesus, ich möchte glauben – doch meine
Zweifel siegen.
Jesus, ich möchte hoffen – doch mein Verzagen ist größer.
Jesus, ich möchte lieben – doch meine Hartherzigkeit
übermannt mich.

Gut, dass es Thomas gibt, der zweifelt – wie ich!
Gut, dass es Marta gibt, die die Hoffnung
schon aufgab – wie ich!
Gut, dass es Zachäus gibt, der sündigt – wie ich!

Jesus, sprich zu mir in meinen Zweifeln, wie du Thomas
einst angesprochen hast, dich zu begreifen.
Jesus, sprich zu mir in meinem Verzagen, wie du Lazarus
einst aus dem Grab gerufen hast.
Jesus, sprich zu mir in meiner Lieblosigkeit, wie du
Zachäus einst vom Baum gebeten hast.

Deine Stimme ist nicht die Stimme derer,
die sich ihrer Sache sicher sind,
die nie gescheitert sind,
die sich für selbstgerecht halten.

Deine Stimme spricht in den Menschen,
die zweifeln,
die keine Hoffnung mehr haben,
die immer wieder mit dem Guten ringen.

Im leichten Säuseln hat Elija
deinen Ruf vernommen.
Auch in der Stille, Herr,
will ich dich suchen.

Christian Döbbe

HERR, WARUM ZEIGST DU DICH MIR NIE?

Warum zeigst du dich mir nie?
Ich sehe dich nicht,
weiß nie, wo du bist.
Und doch glaube ich,
du bist da, irgendwo.
Doch wo ist dieses irgendwo?
In der Kirche, im Himmel, bei mir zu Hause?
Warum versteckst du dich vor mir?
Hast du etwa Angst?
Traust du dich nicht?

Jochen Hamm

NICHT ICH ALLEINE SOLL REDEN.

Nein, ich bin Teil der ganzen Kirche und habe etwas Wichtiges zu sagen. Aber nicht einem X-Beliebigen, nicht Hinz noch Kunz, sondern Gott.

Ihm habe ich etwas zu sagen.

Zusammen mit Christen in Indien, Argentinien und Kanada – mit allen Christen der weltweiten Kirche. Und damit wir Christen niemals verstummen, sind wichtige Worte im Tagesgebet FestgeHALTen. Damit sie uns Halt an diesem Tag geben.

Klaus Vellguth

Ich glaube Gott,
dass er mich gewollt hat, so wie ich bin,
dass er es gut mit mir meint.

Ich glaube, dass Jesus unser Mit-Mensch
geworden ist, barmherzig und gerecht.

Ich glaube, dass sein Heiliger Geist
uns auch heute noch etwas zu sagen hat.

Ich glaube Gott,
dass er sich mitfreut, wenn ich mich freue,
dass er mitweint, wenn ich weine,
dass er mitleidet, wenn ich leide,
dass er mein Leben in seinen liebenden Händen hält,
dass er das Leben in Fülle für mich bereithält,
dass er immer für mich da ist,

auch über den Tod hinaus.

Christian Döbbe

JESUS, SEGNE MEINE GEDANKEN, DAMIT SIE DAS GUTE DENKEN; MEINE WORTE, DAMIT SIE DAS GUTE SAGEN; MEINE HÄNDE UND FÜSSE, DAMIT SIE GUTES TUN UND GUTE WEGE GEHEN.

WIE JOHANNES

Wie Johannes will ich
ganz eng bei Jesus sein,
meinen Kopf an Jesu Schulter lehnen.

Wie Johannes will ich
von Jesus zärtlich in den Arm genommen werden,
mich fallen lassen dürfen.

Wie Johannes will ich
von Jesus bei der Hand genommen werden,
meine Hand vertrauensvoll in seine legen.

Wie Johannes will ich
Jesu Nähe spüren,
bei ihm ruhen,
getröstet,
gehalten,
geliebt.

Und Jesus?
Wie Johannes möchte er auch mir geben
Nähe,
Schutz,
Geborgenheit,
Liebe.

Wie Johannes will ich
mich ihm hingeben,
aus ihm leben.
Bei Jesus weiß ich mich in den besten Händen.

Meike Walch

FÜNKCHEN LIEBE

Ein Fünkchen Liebe deines Herzens genügt!
Die Flammen deiner unsagbar großen Liebe
können ganze Völker, ganze Nationen entflammen.
Ein kleines Fünkchen Liebe deines Herzens genügt,
einen Heiden zu bekehren.
Ein kleines Fünkchen Gnade deines Herzens genügt,
Kranke zu heilen und Wunder geschehen zu lassen.

Jesus, ich bitte dich, schenk mir ein kleines Fünkchen Liebe deines Herzens, lass mein kleines Feuer immer heller leuchten.

Jesus, ich liebe dich. Ich liebe dich mit diesem kleinen Fünkchen Liebe in mir, das durch keine Macht der Welt gelöscht werden kann. Denn du bist da.
Jesus, voll Liebe und Freude schaust du auf das Fünkchen in meinem Herzen, das du entfacht hast.
Du schützt es und bereicherst es mit deiner großen Liebe.
Jesus, auf deine Liebe vertraue ich!

Du bist der Herr der Liebe, der Barmherzigkeit und Güte!

Katja Hess

JESUS, MANCHMAL KANN MIR DER KRAGEN PLATZEN UND ICH EXPLODIERE. BEWAHRE MICH DAVOR, UNÜBERLEGT UND UNBEDACHT ZU REDEN UND ZU HANDELN.

WIE EIN FUSSBALLSPIEL

Jesus,

ich lege jetzt alles ab und komme zu dir, wie ich bin. Du nimmst dir immer Zeit für mich, darüber kann ich nur staunen. Wenn ich dich anschaue, wird alles andere ganz klein. Obwohl du mir alle Freiheiten lässt, nimmst du mich doch gefangen wie ein spannendes Fußballspiel. Von so vielen Dingen hast du mich befreit. Und auch wenn ich noch immer schwierig bin, kommst du doch nie aus der Ruhe. Du hast Geduld und Liebe ohne Ende.

Bernd Rausch

UND PLÖTZLICH BIST DU DA

Unerwartet.
Ungeplant.

Erfüllst mich mit
unglaublicher Freude.
Trägst mich mit deiner
unendlichen Liebe.
Überwältigst mich mit
deiner spürbaren Nähe.

So stehe ich
staunend vor dir.
In dem Augenblick,
wo Himmel und Erde
sich zärtlich berühren.

Teresa Schubert

AUS DER TAGESZEITUNG

Zwischen den Zeilen,
die schreien,
die berichten
vom Schrei der vergewaltigten Frauen in Bosnien,
vom Schrei der verhungernden Kinder in Afrika,
vom Schrei der verzweifelten Mutter nach dem Unfall
am Grab ihres Sohnes,
zwischen den Zeilen,
die schreien,
schreist du,
dringt dein Kreuzesschrei an mein Ohr.

Zwischen den Zeilen,
die schreien,
die berichten
vom Schrei des missbrauchten Kindes,
vom Schrei des verzweifelten Arbeitslosen,
vom Schrei des verängstigten Fremden,

zwischen den Zeilen,
die schreien,
schreist du
den Schrei der Missbrauchten,
den Schrei der Sterbenden,
den Schrei der Verzweifelten,
den Schrei der Entrechteten.
Dein Kreuzesschrei.

Tausend Schreie in deinem Schrei,
zwischen den Zeilen
jeden Tag neu
in den Spalten meiner Zeitung,
die offen liegt auf dem Frühstückstisch.

Fredi Bernatz

Manchmal bete ich in Gedanken
beim Abspülen vom Mittagessen.

Manchmal bete ich beim Walken,
wenn ich in den Himmel schaue.

Manchmal bete ich in der Badewanne
für mehr Spaß bei allem Alltäglichen.

Manchmal bete ich bei den Pfadfindern,
dass sich mein Traum von der Pfadfinderei festhalten lässt.

Manchmal bete ich in der Kirche
für das Leben – mit allem, was dazugehört.

Manchmal bete ich bei der Arbeit,
dass ich an diesen verletzten Jugendlichen nicht zerbreche.

Manchmal bete ich aus Gewohnheit,
damit ich nicht vergesse, dass alles ein Geschenk ist.

Manchmal bete ich gegen meine Zweifel an,
die viel größer sind als mein Glaube.

Sonja Weber-Graf

Abba,

was ist es, das mich umtreibt von Minute zu Minute?
Was ist es, das mich unruhig macht und rastlos?
Warum suche ich – und suche nicht bei dir?

Bianca Bannuscher

ANKOMMEN

Gott
bis ich ankomme bei mir
bis du ankommst bei mir
Gott
das kann dauern
wenn meine gedanken und gefühle
umherschwirren
Gott
wenn die unruhe vergangener tage
mich gefangen hält,
die seele nicht nachkommt
Gott
wenn das so ist
dann sammle mich in
deinem Schweigen
Gott
dein Schweigen
tut gut

Franz Reitinger

ES IST ZEIT

Es ist Zeit,
jetzt am Abend innezuhalten.
Es ist Zeit,
zurückzuschauen auf den Tag,
auf deinen Tag,
auf dich
und die, die mit dir waren
an diesem Tag.

Mit wem hast du gefrühstückt?
Mit wem hast du gearbeitet?
Mit wem hast du geredet?
Mit wem bist du ein Stück gegangen?
Mit wem beendest du diesen Tag?
Wem bist du begegnet?
An wen hast du gedacht?

Es ist Zeit,
die Zeit kurz anzuhalten
und auf den Tag zu schauen,
auf Freude, Stress und Trauer,
auf kleine Momente des Glücks.

Ein Tag
wie alle anderen.
Und irgendwo darin
hat einer nach dir geschaut.
Einfach so.

Simone Eckenrot

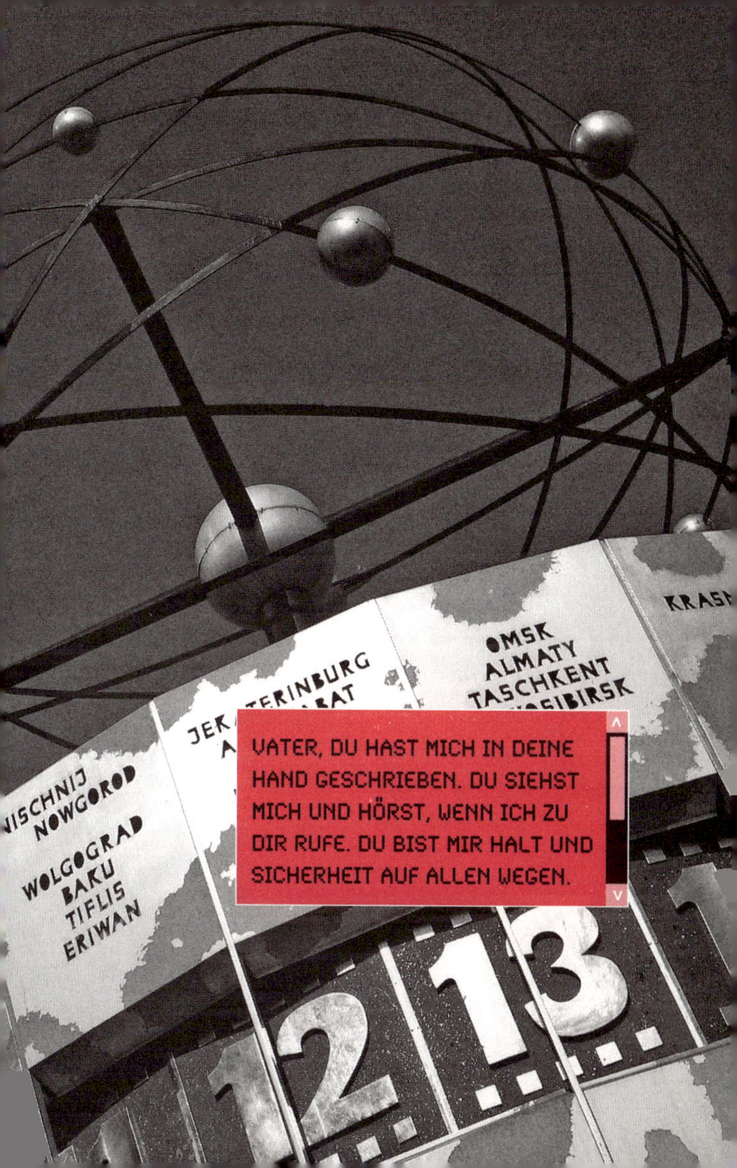

VATER, DU HAST MICH IN DEINE HAND GESCHRIEBEN. DU SIEHST MICH UND HÖRST, WENN ICH ZU DIR RUFE. DU BIST MIR HALT UND SICHERHEIT AUF ALLEN WEGEN.

LASS MICH NICHT UNBERÜHRT ZURÜCK

Ich sehne mich nach deiner Nähe
und fliehe doch davor.
Ich möchte so gern gefunden werden
und verstecke mich doch vor dir.
Ich möchte dir vertrauen können
und verlass mich doch nur auf mich.

So schwanke ich hin und her,
Entschiedenheit fällt schwer.
Doch manchmal, unberechenbar,
spür ich dich hautnah,
weiß ich plötzlich: Du bist da!
Intensiv, doch schnell vorbei,
nicht zu fassen dieses Glück.

Gott, ich bitte dich:
Lass mich nicht unberührt zurück.
Ich komme nicht an dir vorbei,
doch weich ich dir ständig aus.
Such mich und finde mich
und lass mich nicht unberührt zurück.

Frank Reintgen

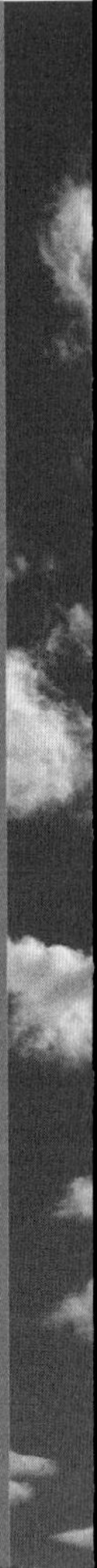

UNBERÜHRT
GOTT, LEHRE DICH ZU GEHEN, OHNE ZU FALLEN, ZU STEHEN, OHNE ZU WANKEN, ZU SPIELEN, OHNE ZU MOGELN, UND IN ALLEM DAS GUTE ZU SUCHEN UND ZU FINDEN.

GOTTES LIEBESBRIEF

In den Nachrichten nur schlechte Neuigkeiten. Auch die Zeitungen übertreffen sich mit Unglücksmeldungen. Wie gut, dass es auch schöne Mitteilungen gibt. Die E-Mail oder SMS von der Freundin, die Geburtstagseinladung von einem Freund. Und der Liebesbrief, den ich inzwischen fast auswendig kann. Schon verrückt, dass auch Gott einen Liebesbrief geschrieben hat: das Evangelium. Sein Liebesbrief. Die gute Nachricht an alle Menschen.

Klaus Vellguth

HEILIGER GEIST, ZEIGE MIR GUTE WEGE ZU MEINEN FREUNDINNEN UND FREUNDEN, ZU DEN VERLASSENEN UND EINSAMEN, ZU DEN NOTLEIDENDEN, ZEIGE MIR EINEN GUTEN WEG ZU MIR UND ZU DIR!

DIE GUTE NACHRICHT

Dein Evangelium
ist gute Nachricht.

Stärker als die Rede
vom schrecklichen Unfall
vom Betrug nebenan
vom Diebstahl im Klassenraum
vom Tod eines Verwandten.

Dein Evangelium
ist gute Nachricht
von Gottes Aufbruch
in unserer Not.

Da bin ich, Herr!

Aber viel mehr als mein bloßes Da-Sein habe ich dir nicht zu bieten. Mir fehlen die tiefen Gedanken, die großen Worte, die frommen Gefühle ...
Darf ich auch so bei dir sein?
Einfach so, wie ich bin?

Ja, denn ich weiß: Du verlangst weder meine Erkenntnisse noch meine wohlgeformten Worte. Du hast es auf mein Herz abgesehen. Mit meinem Verstand kann ich dich nicht erreichen, wohl aber mit meiner Liebe.
Das ist wunderbar!

So kann ich mein Beten entlasten.

Es darf ganz einfach und schlicht werden. Vor dir brauche ich nichts zu leisten, ich muss mich nicht anstrengen.
Ich lasse mich los – und überlasse mich dir.

Und ich ahne, dass du mir sagen willst:

Lass dich in mich hineinfallen wie ein Tropfen Wasser ins Meer.

Sr. M. Franziska

GOTT ZEIGE DIR DIE SCHÖNHEIT DES LEBENS, DIE TIEFE DER WAHRHEIT, DIE WEITE DES GLAUBENS, DIE KRAFT DER HOFFNUNG UND DIE MÖGLICHKEITEN DEINES LEBENS.

WANDLE DU SIE IN WEITE –

Leben mit dir

NEU BEGINNEN

Lieber Gott, es ist nicht selbstverständlich,
dass ich da bin.
Ich möchte dir dafür danken.

Segne meine Eltern, die für mich sorgen.
Auch ich will bemüht sein, in all meinem Tun,
ob in der Schule oder Freizeit,
die Aufgaben, die du mir anvertraut hast,
zu deiner Ehre zu erfüllen.
Verzeih mir, wenn das nicht immer so klappt.

Ich will täglich neu beginnen
und ich bitte dich,
hilf mir dabei!

Susanne Elsterkamp

UNTERWEGS

Unterwegs in Gewohnheiten des Lebens.
Man weiß, was war.
Man weiß, was ist.

Unterwegs in Gewohnheiten des Miteinanders.
Man weiß, was man erwarten kann.
Man weiß, was erwartet wird.

Unterwegs in Gewohnheiten des Glaubens.
Man weiß, was man glaubt.
Man weiß, was wer glaubt.

Unterwegs in Gewohnheiten – bis du kommst.
Bis du aufforderst, dir zu folgen.
Bis du aufforderst, ungewohnt zu leben.

Danke, dass du mein Leben ungewöhnlich machst!

Christoph Scheppe

STELL DIR VOR ...

Stell dir vor, es ist wahr, was wir glauben, und es gibt ihn, Gott, und er ist da und lebt und liebt.

Stell dir vor, es ist wahr, was sie sagen, und er schaut nicht nur zu, sondern mischt sich ein, ist voll dabei, mittendrin, du siehst ihn nicht, und doch ist er mittendrin.

Stell dir vor, es ist sein Lachen, das dir da aus dem Gesicht des Fremden entgegenblickt.

Stell dir vor, was würdest du tun, wenn er dich mit den Augen von dem anschauen würde, den du gerade vor allen lächerlich gemacht hast, und aus seinen Augen würde er dich anschauen, Gott.

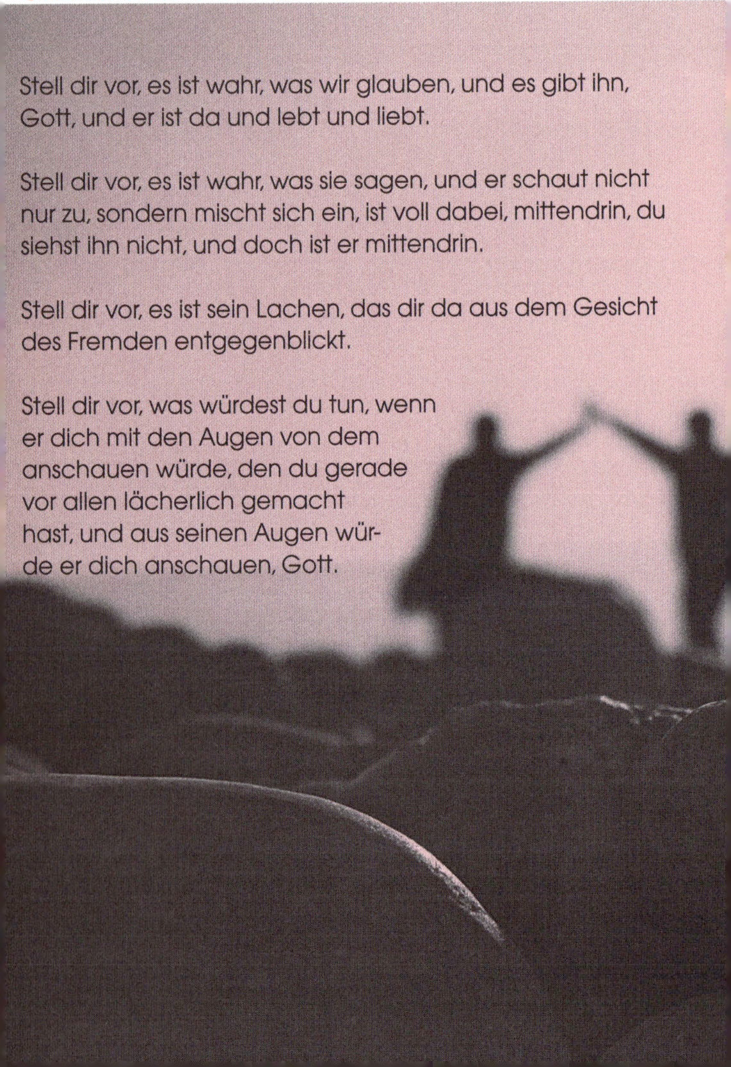

Und was, wenn er es ist, den du spürst, wenn du Spaß hast mit deinen Freunden, wenn du lachst und singst.

Und was, wenn du dich immer auf ihn verlassen könntest, nie Angst haben müsstest, dass er dich reinlegt oder nur benutzt, dass er mit dir nur spielt oder dich fertigmachen will.

Und was würdest du sagen, wenn er schon neben dir stehen würde, Gott, jetzt gerade, neben dir.

Stell dir vor, einer, dem es nie einfallen würde, dich vor eine Wand laufen zu lassen, einer, der dich lieben würde und immer für dich da wäre, stell dir vor, er ginge an deiner Seite. Immer.
Stell dir doch das einmal vor.

Würdest du dein Leben ändern?

Thomas Schmaus

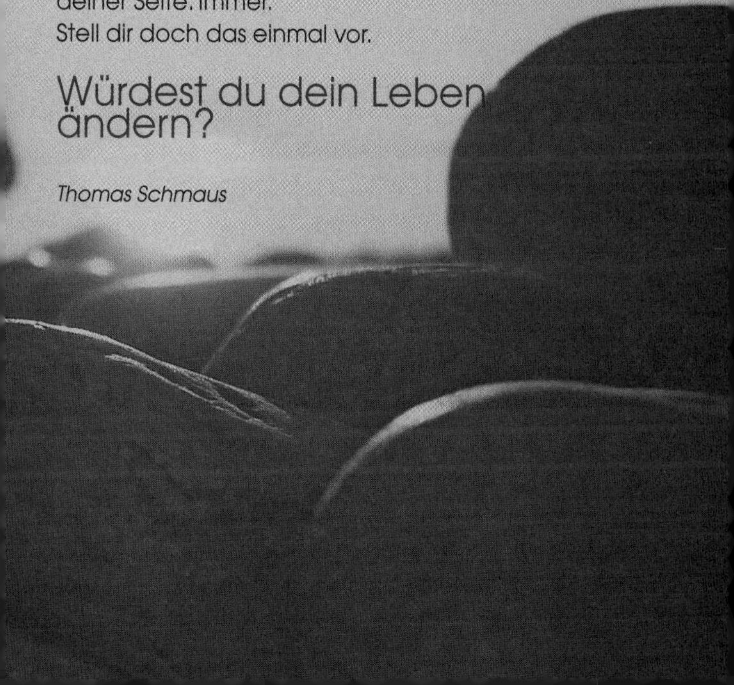

GROSSER GOTT, DU HAST MICH BEWUSST IN DIESES LEBEN GERUFEN. DEINE LIEBE UMGIBT MICH WIE EIN MANTEL. DEINE GÜTE TRÄGT MICH DURCH DIE ZEIT MEINES LEBENS.

Herr, du bist mein Geländer,
an dem ich mich festhalten kann,
wenn der Weg des Lebens steil und steinig wird.
Herr, du bist mein Geländer,
das mich vor dem Abgrund schützt,
wenn es im Beruf drunter und drüber geht.
Herr, du bist mein Geländer,
das mir die Richtung weist,
wenn die Wege in Freundschaft und Beziehung
verworren und unklar sind.

Herr, ich danke dir dafür,
dass du mein Geländer bist –
und nicht mein Käfig.

Tom Molter

WIE EIN BAUM

Herr,
wie ein Baum
stehe ich vor dir.

Von deinem Licht angestrahlt,
entwickelt sich in mir ein Feuer.
Dieses Feuer weiterzugeben, ist
meine Berufung. Du hast mich ge-
rufen, für andere zu brennen und
dich im anderen zu sehen.

Herr,
wie ein Baum
stehe ich in deinem Licht,
angestrahlt und durchleuchtet
von deiner Liebe.

Stefanie Glocke

ACHTUNG – FERTIG – LOS

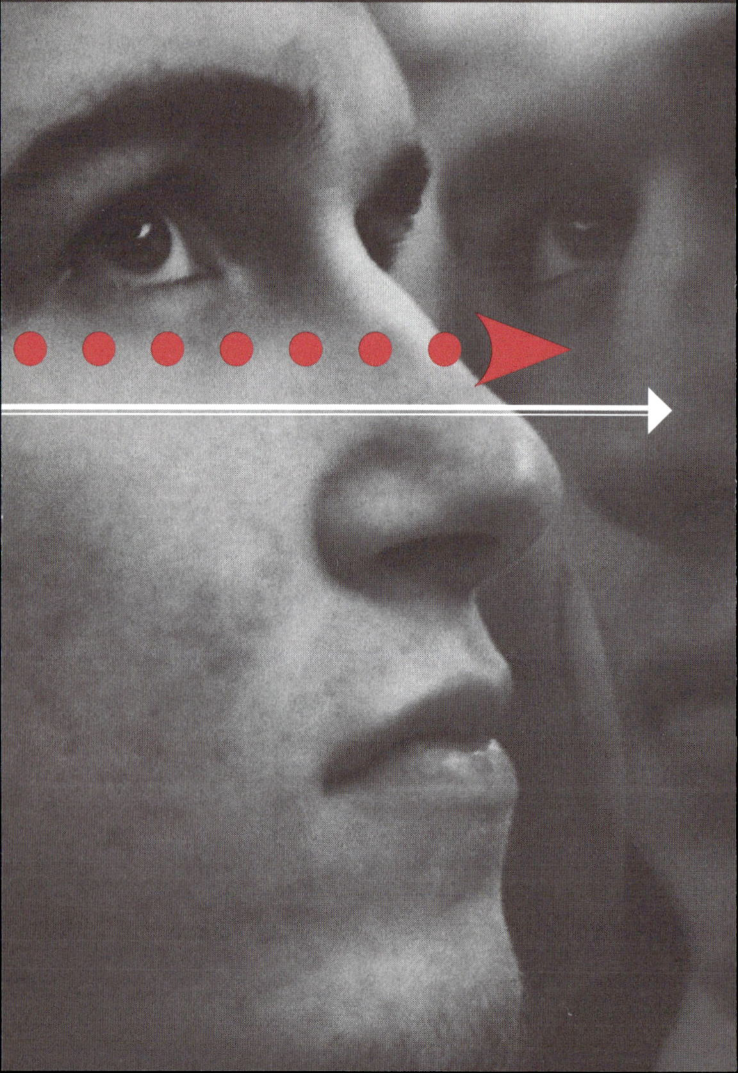

Die Jugend von heute, hört man immer wieder, ist lustlos, respektlos, orientierungslos. Mit der Jugend von heute ist nichts los. Arbeitslos, beziehungslos, mutlos, perspektivlos, gottlos.

Die Jugend von heute ist vorbildlos und erziehungslos. „Los" ist eigentlich ein Startsignal, etwas geht los, etwas beginnt, etwas fängt an. Achtung, fertig, los!

Lasst uns heute ein Startsignal setzen, um mutige Begleiter und Begleiterinnen für unsere Jugendlichen zu werden. Herr, schenke uns Zeit, Geduld und Kreativität.

Lass uns greifbare, echte Vorbilder werden, an denen man sich reiben kann. Lass uns so zum Mitgestalter einer Welt werden, die Perspektiven und Zukunft eröffnet. Achtung – fertig – los!

Dagmar Ender

Du bist mein Herr.
Du bist mein
Du bist
Du
Du bist
Du bist mein
Du bist mein Herr.
Herr, lehre mich beten.
Herr, lehre mich
Herr, lehre
Herr
Herr, lehre
Herr, lehre mich
Herr, lehre mich beten.
Kommt, lasst uns anbeten.
Kommt, lasst uns
Kommt, lasst
Kommt
Kommt, lasst
Kommt, lasst uns
Kommt, lasst uns anbeten.

Markus Schmidt

OHNE GOTT?

Ein Atemzug ohne Gott – pulserhöhend
Ein Tag ohne Gott – Atemnot
Ein Jahr ohne Gott – lebensgefährlich
Ein Leben ohne Gott – ewig tot

Danke, Herr, dass ich dich kenne.
Danke, Herr, dass du mich liebst.
Danke, Herr, dass du vergibst.
Danke, Herr, ich lebe ewig.

Rahel Eggenberger

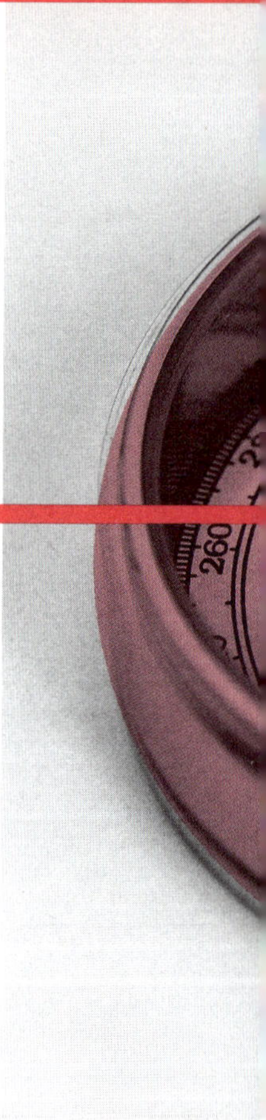

FÜR DICH

Für dich, mein Gott,
will ich auf deinen Spuren gehen,
nach deinen Weisungen handeln,
an deinem Haus bauen.

Für die Welt, mein Gott,
will ich auf deinen Spuren gehen,
sehen, was sie braucht,
tun, was ihre Not lindert.

Für dich, mein Gott, und für die Welt
will ich auf deinen Spuren gehen,
dir nahe,
dem Nächsten ein Nächster.

Fredi Bernatz

JESUS, GIB MIR DIE FREUDE AM LEBEN, DIE KRAFT ZU HELFEN, DEN MUT ZU VERZEIHEN, DIE ZEIT FÜR DIE ANDEREN, DIE WEITE DES HERZENS UND DIE STÄRKE DER LIEBE.

GOTT GEHT MIT

Gott, du gehst mit.
Gehen aber, mein Gott, müssen wir selbst.

Wenn wir unseren Weg suchen aus der unendlichen Zahl der Wege, uns umhertasten im Labyrinth des Lebens, gibst du Orientierung. Du bist uns Wegweiser und Plan, Richtschnur und Ziel.

Gott, du gehst mit.
Gehen aber, mein Gott, müssen wir selbst.

Wenn die Kräfte schwinden, wenn Müdigkeit uns befällt, wenn Hunger und Durst uns quälen, gibst du uns Kraft und neuen Schwung, Stärkung und Erfrischung.

Gott, du gehst mit.
Gehen aber, mein Gott, müssen wir selbst.

Wenn Mutlosigkeit uns packt, wenn die Zweifel kommen, wenn sich Enttäuschung breitmacht, gibst du uns Vertrauen und Zuversicht.

Gott, du gehst mit.
Gehen aber, mein Gott, müssen wir selbst.

Wenn der Weg schmal wird, wenn er ins Dunkel führt, wenn er uns an Abgründe bringt, gibst du uns Halt und Schutz.

Gott, du gehst mit.
Gehen aber, mein Gott, müssen wir selbst.

Wenn wir stolpern und fallen, wenn wir uns verletzen und uns Schmerz erfüllt, gibst du uns Trost und Heilung. Dann hilfst du uns auf, damit wir weitergehen können.

Gott, du gehst mit.
Gehen aber, mein Gott, müssen wir selbst.

Wenn wir am Ende der Kräfte sind,
nicht mehr weiterkönnen und nichts
mehr hilft, dann, mein Gott, gehst
du nicht nur mit, sondern du
nimmst uns in die Arme,

hebst uns auf,
trägst uns
ein Stück des Weges,
wenn nötig
bis zum Ziel.

Fredi Bernatz

DU GOTT DES AUFBRUCHS

Du Gott des Aufbruchs,
segne uns,
wenn wir dein Rufen vernehmen,
wenn deine Stimme lockt,
wenn dein Geist uns ermutigt
zum Aufbrechen und Weitergehen.

Du Gott des Aufbruchs,
wende uns dein Angesicht zu,
wenn wir Irrwege nicht erkennen,
wenn Angst uns befällt,
wenn Umwege uns ermüden,
wenn wir Orientierung suchen
in den Stürmen der Unsicherheit.

Du Gott des Aufbruchs,
leuchte uns auf unserem Weg,
wenn uns Ratlosigkeit fesselt,
wenn wir fremde Lande betreten,
wenn wir Schutz suchen bei dir,
wenn wir neue Schritte wagen
auf unserer Reise zu dir.

Du Gott des Aufbruchs,
sei mit uns unterwegs
zu uns selbst, zu den Menschen, zu dir.
Segne uns mit deiner Güte
und zeige uns dein Angesicht.
Begegne uns mit deinem Erbarmen
und leuchte uns mit dem Licht deines Friedens.
Amen.

Fredi Bernatz

AM ANFANG WAR DAS WORT

Wenn ich für dich singe,
dann sind es keine Lieder,
die zum Himmel jauchzen.
Wenn ich an dich denke,
sind es keine alten Bilder
einer vergangenen Zeit.
Wenn ich zu dir bete,
dann brauche ich keine Phrasen
einer Sonntagspredigt.

Am Anfang war das Wort,
und du gabst mir meine Worte.
Die will ich gebrauchen.
Weil du mich verstehst,
kann ich mit Überzeugung sagen:
„Gott ist geil!"

Andreas Wanzke

Herr Jesus Christus, du bist unser **Freund,** lass uns diesen Tag fröhlich beginnen und segne uns auf unserem Weg. Gib uns heute Ruhe, wenn wir unruhig sind, Kraft, wenn wir erschöpft sind, Aufmerksamkeit, wenn wir lernen. Sei bei uns alle Tage!

Susanne Elsterkamp

GOTT SENDE DIR GUTE FREUNDINNEN UND FREUNDE, MENSCHEN, DIE ZU DIR HALTEN UND ZU DIR STEHEN. GOTT SENDE DIR EINEN GUTEN ENGEL AUF ALLEN DEINEN WEGEN.

WERKZEUG DEINER LIEBE

Reinige mein Herz,
dass ich ungeteilt liebe.
Reinige meine Gedanken,
dass ich nur Gutes denke.
Reinige meine Worte,
dass sie trösten und aufbauen,
wo Kummer ist.
Reinige meine Absichten,
dass sie nur Gutes wollen.
Reinige meine Taten,
dass sie Segen bringen.
Reinige mich selber
ganz und gar, mein Jesus,
dass ich als Werkzeug
deiner Liebe würdig bin.

Katja Hess

UND WENN ALLES VERSCHWINDET

Herr im Himmel! Ich weiß, dass du mir in diesem Moment dein Ohr leihst.

Ich will dich fragen, warum Menschen Kriege führen, warum immer Unschuldige Leid erfahren.

Ich will dich bitten, dass du denen Halt gibst, die vom Schicksal schwer getroffen sind, von Krieg, von Naturkatastrophen, von Krankheit, von Tod und Verlust.

Gib ihnen Halt mit deiner unsterblichen Liebe!
Gib ihnen neue Hoffnung!

JESUS, HEUTE MÖCHTE ICH AUFRÄUMEN:

in meinem Haus
in meinem Herzen
in meinem Zimmer
in meinem Geist
in meinen Plänen

in meinem Leben.

Bruder Paulus Terwitte

Wir sind nicht so weise wie die Heiligen Drei Könige, und doch sind wir gekommen, um dich anzubeten, weil du es bist, der unsere Welt in den Händen hält. Erfülle uns mit dem Geist der Weisheit und der Liebe.

Es ist heute schwer, den Stern zu finden, der uns zu dir führt, und doch erleben wir, dass deine Gegenwart unter uns Menschen immer wieder aufblitzt und uns die Richtung weist.

Begleite uns auf unserem Weg durch die Zeit. Viele Menschen streben nur nach Materiellem: Geld, Kleidung, Besitz, und doch spüren wir, dass wir in einem viel tieferen Sinn reich werden, wenn du zum Mittelpunkt unseres Lebens wirst. Du Mensch gewordener Gott, schenke uns erfülltes, nicht endendes Leben.

Frank Reintgen

HERR, SEI GEPRIESEN FÜR MEINE UHR. SIE GIBT MIR DIE ZEIT AN UND HILFT, ORDNUNG ZU HALTEN. SIE ERINNERT AN DIE KOSTBARKEIT JEDEN AUGENBLICKS.

ZU DIR

Vater im Himmel, ich komme zu dir. Mit meinen Ängsten und Zweifeln. An einem Tag wie diesem fühle ich mich überfordert. Von den Menschen und von dir. Dann habe ich das Gefühl, all den Ansprüchen nicht gerecht werden zu können. Ich stehe hilflos da und weiß nicht weiter. Vater, sei in diesen Momenten bei mir.

Stärke mein Vertrauen in die Talente, die du mir geschenkt hast. Mit ihnen kann ich doch voll Freude arbeiten. Erinnere mich auch daran, dass du mich liebst. Deswegen sind deine Ansprüche an mich nie so groß, dass ich sie nicht erfüllen könnte. Schenke mir Freude an den Herausforderungen des Lebens. Dann kann ich deine Gegenwart spüren.

Kerstin Berretz

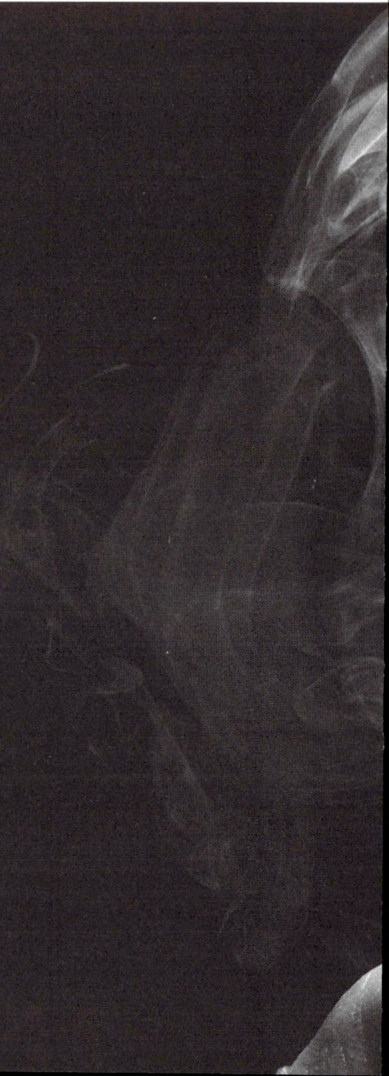

ENTZÜNDE IN UNS EINE KERZE

Im Dunkel des Hasses
entzünde du in uns eine Kerze
der Liebe und Hoffnung.

Ich bitte dich:
Lass auch uns eine neue Kerze
der Liebe und Hoffnung entzünden,
damit wir sie weitergeben
an die Menschen,
die erfüllt sind von Verzweiflung und Hass.
Damit sie wieder leuchten
von neuer Hoffnung und Liebe.

Anne Trompeter

DU BIST MEIN STERN

Herr,

du bist mein Stern,
und ich bin der Sterndeuter.
Der Weg zu dir ist schwer zu finden
und ich komme oft davon ab.
Doch du sorgst dafür,
dass ich ihn immer wieder finde.

Oft laufe ich im Dunkeln

und finde den Weg
des Glaubens nicht mehr.
Doch dann bist du da,
leuchtest hell und zeigst mir den Weg
zurück zum Glauben.

Hilf mir, dass ich diesen Weg des Glaubens
immer wieder finde. Amen.

Sandra Scherer

GOTT, SEI BEI MIR

Wenn ich mich einsam fühle,
wenn Traurigkeit mein Herz erfüllt,
dann sei du bei mir.

Wenn ich die Welt nicht mehr verstehe,
wenn mich niemand mehr versteht,
dann sei du bei mir.

Wenn die Wogen über mir zusammenschlagen,
wenn ich denke, es geht nicht mehr,
dann sei du bei mir.

Wenn ich mich im Alltag verliere,
wenn ich auf der Suche nach mir selber bin,
dann sei du bei mir.

Denn
du bist Weg und Ziel,
du bist die Hand, die mich führt,
du bist Abba – mein Vater,
der mich in seinem Schoß birgt.

Sybille Burkert

HERR, ÖFFNE MICH

Herr, öffne meine Lippen,
dass ich dich verkünde!

Herr, öffne meine Augen,
dass ich dich erkenne!

Herr, öffne meine Gedanken am Morgen,
dass sie dir gehören!

Herr, öffne meine Hände,
dass ich helfe, wo Hilfe gebraucht wird!

Herr, öffne meine Ohren,
dass ich dich höre!

Herr, öffne mein Herz,
damit es immer dir gehört!

Sandra Kremer

LEBEN IN FRIEDLICHER GEMEINSCHAFT

Friede – für viele nur ein Wort.
Friede – nur ein Gedanke, gleich wieder fort.
Um Selbstbestätigung zu kriegen,
lässt man andre gern links liegen.
Um sich in Sorglosigkeit zu hüllen,
lässt man andre gern die Kälte fühlen.
Doch um in einer Gemeinschaft zu leben,
muss man bereit sein zu helfen und zu geben.
Lasst uns versuchen, tolerant zu sein
und uns gemeinsam am Frieden zu freu'n.

Schülerinnen der 9. Klasse, Realschule Kemnath

FRIEDE

ICH BRAUCHE DICH – ODER 10 GUTE GRÜNDE, AN GOTT ZU GLAUBEN

Ich brauche dich ...

... um dir Dank sagen zu können für all die wichtigen Ereignisse und Menschen in meinem Leben.
... um dir sagen zu können, welches Glück ich mit meinen Freunden habe.
... um dich um Mut zu bitten, damit ich meinen Weg gehen kann.
... um Kraft zu schöpfen, wenn ich mich ausgelaugt fühle.
... um Ruhe zu finden, wenn Hektik mich zu überrollen droht.
... um bei dir Hoffnung zu fühlen, wenn das Thema Tod mich nah berührt.
... um meinen kindlichen Glauben vom Himmel behalten zu können.
... um die Gewissheit zu haben, dass ich nie allein bin.
... um dich um deinen Beistand zu bitten, wenn ich Dinge nicht bewältigen kann.
... um täglich mit dir zu reden.

Es ist gut, dass es dich gibt –
bleib bei mir!

Bettina Molter

GRUND

GEDANKEN

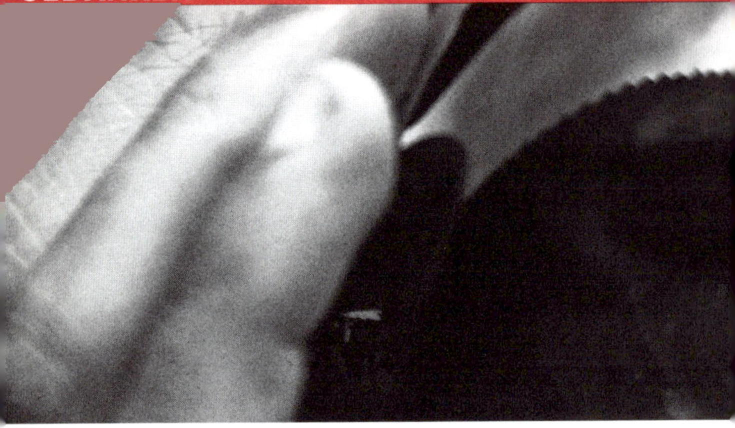

Nachdenken über verflossene Zeit.
Nachdenken über jede Gelegenheit.
Nachdenken über Gesten und Worte.
Nachdenken über Plätze und Orte.
Nachdenken über Sünde und Schuld.
Nachdenken über Güte und Ungeduld.
Nachdenken über Ziele und Räume.
Nachdenken über Pflichten und Träume.
Nachdenken über Heimat und Welt.
Nachdenken über dich, Gott, der mich hält.

Umdenken aus dem Streit der vergangenen Stunden.
Umdenken zur Versöhnung, dem Frieden verbunden.
Umdenken aus Gesetzen der Unmenschlichkeit.
Umdenken mit Blick auf Verbundenheit.
Umdenken von allem, was Hoffnung erschlägt.
Umdenken zur dir, meinem Gott, der mich trägt.

Andreas Wilinski

JEDEM DAS SEINE

Dem Fremden einen Willkommensgruß.
Dem Gegner eine Hand zur Versöhnung.
Dem Freund eine liebevolle Umarmung.
Dem Nachbarn einen freundlichen Gruß.
Dem Gast eine offene Tür.
Der Zeit eine freie Minute.
Der Gesundheit Aufmerksamkeit.
Dem Körper behagliche Ruhe.
Dem Geist einen Raum zur Entspannung.
Dem Tag einen nachsinnenden Blick.
Dir, meinem Schöpfer, Dank für deine Gegenwart
und Dank für deine Liebe.

Andreas Wilinski

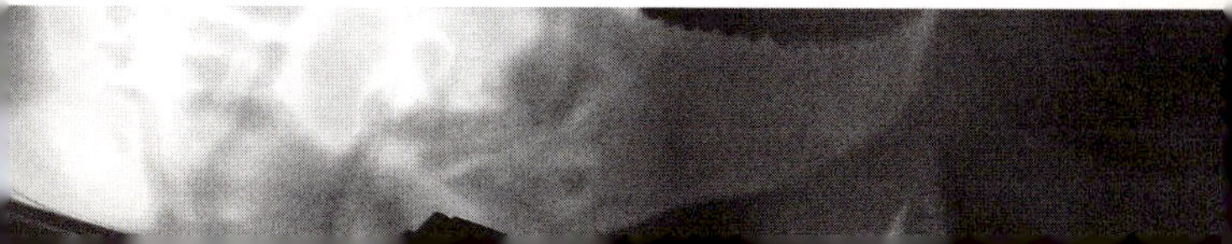

IM WIND

Ich
stehe im Wind
Was willst du mir sagen?
Ich
stehe im Wind
Willst du mich tragen?
Wohin?
Ich stehe
Ich höre
Ich schaue
Er erzählt
vom Schöpfer des Himmels
und der Erde

Ich
will nur noch hören
ein Windhauch
im Sturm werden
Ich
will für immer
im Wind sein

Stefanie Glocke

GEBET IM STILLEN

ich?
ich bete?
ich bete im Stillen?
ich bete im Stillen für?
ich bete im Stillen für mich?
ich bete im Stillen für mich allein?

allein bete ich im Stillen für mich?
allein bete ich im Stillen für?
allein bete ich im Stillen?
allein bete ich?
allein bete?

allein?
bete ich allein?

Heinrich Mainka

MORGENGEBET ZU MEINEM ENGEL

Engel Gottes,
mein Beschützer,
dir hat Gott mich
anvertraut. Führe
mich heute durch
den Tag, damit
ich in der Vielfalt
von Meinungen
und Eindrücken
den Willen Gottes
erkenne und lebe.
Hilf mir, in der Liebe
Gottes zu leben,
die alle Menschen
umfasst, in seiner
Liebe und Barm-
herzigkeit. Dann
kann ich meinen
Mitmenschen offen
und ehrlich begeg-
nen. Im Namen
des Vaters und des
Sohnes und des
Heiligen Geistes.
Amen.

Tobias Rauch

KOMM, HEILIGER GEIST

Heiliger Geist,

komm in unsere Herzen und entzünde in uns die
Sehnsucht, wie die Heiligen Drei Könige
Jesus Christus zu suchen und zu finden.

Heiliger Geist,

werde in mir zu einer sprudelnden Quelle
des Lebens und der Begeisterung für
ein Leben in und mit Christus.

Heiliger Geist,

lass in unseren Kirchen den
frischen Atem deiner
Gegenwart wehen!

Bete du in mir,
singe du in mir,
denke du in mir
und beflügle du
meine Taten.

Nadja Schmidt

MORGENGEBET IN DER KIRCHE

Guten Morgen, Gott! Ich lasse den heutigen Tag hier in der Stille der Kirche in mich ein, hier bei dir. Ich danke dir für die Ruhe der Nacht und die Träume, die in meiner Seele aufgestiegen sind und mir neue Kräfte und Hoffnungen zufließen lassen.

Ich danke dir, dass ich bin und dass deine Sonne heute wieder am Himmel und in mir aufgeht. Und so wünsche ich mir, diesem Tag mit allen seinen Anforderungen und Begegnungen erwartungsvoll und freudig entgegenblicken zu können.

Ich hoffe, dass sich mein Geist für dich öffnet wie ein Baum, der sich aufrichtet und zum Himmel streckt. Ich wünsche mir Menschen, mit denen ich meinen Jubel über deine Nähe teilen kann. Und Menschen, die ich mit dieser Freude anstecken und für dich begeistern kann. Ich bitte dich um deinen Schutz und Segen. Amen.

Hella Sodies

EIN SONNENSTRAHL

Grell, durchdringend hell
in aller Trostlosigkeit, in allem Frust
strahlt ein heller Schein, die Sonne, mir ins Herz.
Ein Wunder, das du wirken lässt.
Fast nebenbei.
Ein Sonnenstrahl.

Steffen Flicker

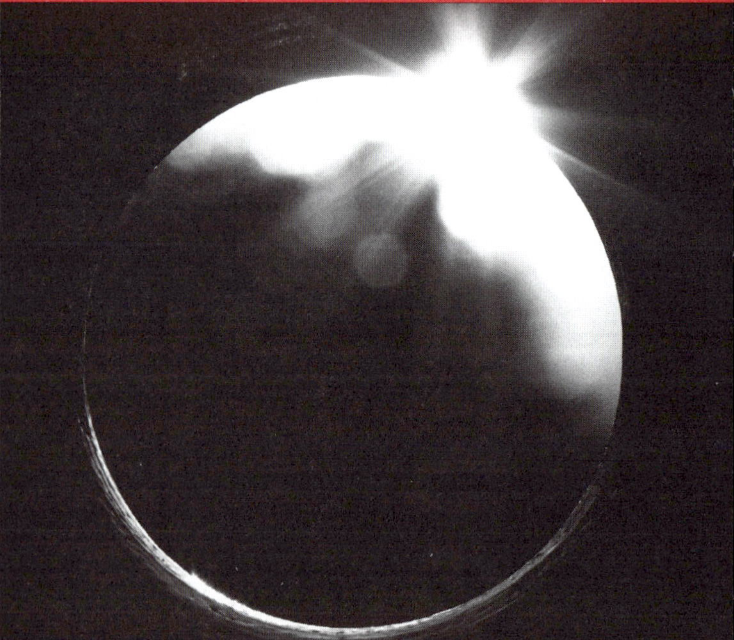

SEGENSGEBET

Guter Gott,
segne meine Zeit,
segne meinen Augenblick,
segne meine Sehnsucht nach Leben,
segne mein Innehalten und meinen Aufbruch,
segne meine Lebensspur, in der sich
meine Stunden und Tage abbilden.
So segne mich, gütiger Gott, Vater, Sohn
und Heiliger Geist. Amen.

Joachim Kittel

ES SEGNE UND BEHÜTE DICH DER VATER, DER DIE WELT ERSCHAFFEN HAT, DER SOHN, DER DIE LIEBE IN DIE WELT GEBRACHT HAT, UND DER HEILIGE GEIST, DER UNS DEN RICHTIGEN WEG ZEIGT.

MUT ZUR MESSE
MUT ZUR BIBEL
MUT ZUM KÖRPER
MUT ZUM MITSAGEN

AND
MORE

MUT ZUR MESSE –

EINFÜHRUNG IN DIE LITURGIE

Die Messe ist keine Sache für Langweiler. Jeder kann da aktiv sein. Dafür muss man wissen, wie der Weg durch die Messe geht.

Dem Kreuzzeichen folgt zur ERÖFFNUNG der Messfeier nochmals etwas aus den Anfangsgeschichten des Glaubens. Der Priester spricht das erste Wort der Geschichte Jesu, die „Verkündigung". Da sagte der Engel zu Maria: Der Herr ist mit dir (Lk 1,28). Mit dem Gruß wirst du in diesen wichtigsten Moment der Weltgeschichte hineinversetzt: Jesus kommt in die Welt!

Dann schauen wir zurück: Haben wir mit dem Herrn gelebt, der mit uns ist? Du gehst ja nicht zur Messe, um zu demonstrieren, wie heilig du bist. Nein, du gehst zum Gottesdienst, um den zu feiern, der dich trotz allem immer neu heilig machen möchte. Singe oder spreche mit dem Gefühl der Erleichterung die KYRIE-Rufe „Herr, erbarme dich" mit.

Als Jesus geboren wurde, sangen die Engel mutig: Ehre sei Gott in der Höhe und Friede auf Erden den Menschen seiner Gnade (Lk 2,14). Du kannst dich mit der Gemeinde im GLORIA von Engelsflügeln tragen lassen. Hab keine Angst vor falschen Tönen!

Nach der lautstarken Gloria-Öffnung Richtung Himmel kehrt nun Ruhe ein. Der Priester lädt zum Gebet ein. Nach den Worten „Lasset uns beten" ist vor dem TAGESGEBET eine Gebetsstille vorgesehen, die du für dich nutzen kannst zum stillen Gebet.

Dann kommt Gott im WORTGOTTESDIENST durch die mutigen Menschen der Bibel in der LESUNG zur Sprache. Höre so zu, als würde Gott dir in diesen Texten persönlich etwas sagen wollen.

Das gilt besonders für das EVANGELIUM. Bevor der Priester es verkündet, zeichnen sich alle in der Gemeinde mit dem Daumen ein kleines Kreuz auf die Stirn: Gott segne jetzt den Verstand. Dann zeichnest du ein kleines Kreuz auf deine Lippen: Gott helfe dir, später das Wort weiterzusagen, das du nun hören wirst. Du zeichnest das dritte kleine Kreuz auf deine Brust: Gott segne jetzt dein Herz, damit du mit allen Fasern deines Wesens Jesu Wort aufnimmst.

Zur PREDIGT setz dich hin – aber schalte nicht ab. Der Priester macht dir vor, was du in deinem Alltag tun sollst: anderen Menschen den Glauben erklären.

In dem Wort CREDO steckt „cor dare", d. h. „sein Herz geben". Wer seine Hand aufs Herz legt, bekennt mit ganzer Kraft und will für dieses Bekenntnis geradestehen.

Das Wort Jesu und der Glaube müssen zur Tat werden. In den FÜRBITTEN bringst du mit der Gemeinde vor Gott, wo dir und euch der Schuh drückt.

Nach dem Wort Gottes kommt jetzt die Tat Gottes in der EUCHARISTIEFEIER. Dazu werden zur GABENBEREITUNG auch deine Gaben zum Altar gebracht. Gott hat sie gegeben, nun werden sie zurückgeschenkt.

Jetzt musst du mutig deine ganze Fantasie gebrauchen: Zum HOCHGEBET bist du in der PRÄFATION Gott dankbar für Jesus. Dankend hat auch Jesus Brot genommen, und nun bist du mit ihm dabei mit der ganzen Gemeinde im Abendmahlssaal.

Der große Dank mündet im dreimaligen „Heilig"-Ruf des SANCTUS. Freude macht sich breit, weil Jesus ganz nah ist. Stell dir vor, wie Jesus persönlich dort auf dem Altar sein Ich für dich bereithält.

Was du in der AKKLAMATION nach den Wandlungsworten sagst, ist der Grund für die Feier, in der du gerade bist: Deinen Tod, o Herr, verkünden wir ...

Nach dem AMEN des Hochgebetes musst du deinen ganzen Glaubensmut zusammennehmen. Jesus will gleich in der Kommunion auf dich zukommen. Du darfst ihm entgegengehen. Er selber bereitet dich vor:

Wenn du das VATER-UNSER-Gebet auswendig kannst, stelle dir vor, dass du es heute wieder neu von Jesus hörst.

Der FRIEDENSGRUSS ist kein „Schwamm drüber". Der Friedensgruß macht mit der ausgestreckten Hand vielmehr deutlich, dass uns die Hand Gottes verbindet, der Heilige Geist.

Der Priester geht zur KOMMUNION vom Altar auf die Gemeinde zu: Glücklich wird nicht, wer alles für sich behält. Jesus macht es uns vor: Er behält nichts für sich. Schau auf das Stück von dem Einen Brot, das dir gezeigt wird, und bekenne nach dem Hinweis „Der Leib Christi" mit fester Stimme: „Amen." Dann empfange ihn voller Freude. Jetzt bist du mittendrin in ihm, der mittendrin ist in dir. Stell dir vor, wie du jetzt mit allen in das Netzwerk Jesu aufgenommen bist.

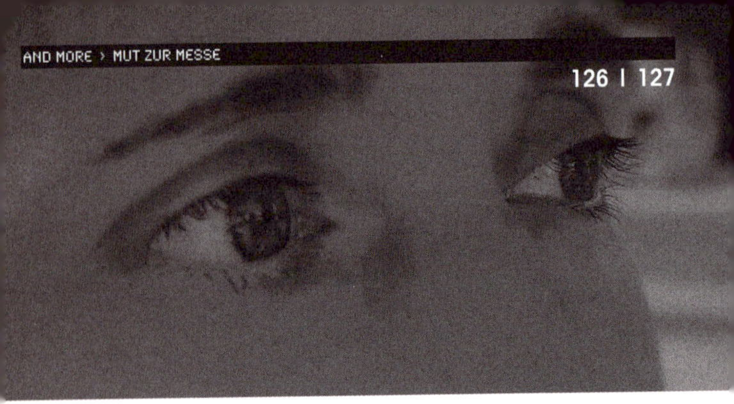

Im SCHLUSSGEBET wird dabei noch mal der Blick auf die Gemeinschaft im Himmel gelenkt.

Zur ENTLASSUNG stärkt der SEGEN dich für deinen Alltag und sichert dir zu, dass dich auch dort Gott, der Vater, begleitet. Keinen Schritt wirst du tun und keine Erfahrung machen, in der Jesus nicht mit dir geht. Das Kreuzzeichen ist die Klammer um die ganze Feier. Am Anfang schließt es dich auf für die Begegnung mit Gott. Am Ende schließt es dich auf, in deinem Leben zu verwirklichen, was du mit Jesus gefeiert hast.

Bruder Paulus Terwitte / Marcus C. Leitschuh

TIPP: Den ausführlichen Text mit vielen Gebeten und Erklärungen findest du in dem Buch **„Mut zur Messe"**, das die Herausgeber dieses Buches für dich geschrieben haben.

MUT ZUR BIBEL –
LESEHILFE IN 99 SEKUNDEN

Die Bibel ist das Buch der Bücher. Sie wird am meisten zitiert. Sie ist in so viele Sprachen übersetzt wie kein anderes Dokument der Menschheitsgeschichte. Sie ist ein echter Klassiker. Wer sie aber einmal richtig in die Hand nimmt, erschrickt. Gleich, ob man eine kostbare Ausgabe in der Hand hält oder eine schlichte: Es sind sehr viele Seiten, die gelesen werden wollen. Wie soll man da die Bibel kennenlernen?

Du kannst mit der Bibel Freundschaft schließen, wenn du sie nicht sofort ganz haben willst. Schau dir zum Beispiel das Inhaltsverzeichnis an. Es enthält viele Begriffe, die dir fremd vorkommen. Lass dich davon nicht abstoßen. Mach dir bewusst, dass die Bibel Texte enthält, die aus zweieinhalb

Jahrtausenden kommen. Die letzten Geschichten wurden etwa einhundert Jahre nach Christi Geburt geschrieben. Somit liegen zwischen dir und den Menschen, von denen die Bibel berichtet, etwa zweitausend bis viertausendfünfhundert Jahre. Das ist eine sehr lange Zeit.

Deswegen wundere dich nicht, dass dir vieles sehr fremd kommt. Das ist völlig natürlich.

Etwas anders ist noch wichtig. Auch wenn die Bibel aussieht wie ein einziges Buch, ist sie in Wirklichkeit eine Textsammlung. Es gibt darin Liebeslieder und Sachberichte, aber auch Erfolgserzählungen oder sogar Horrorvisionen. Manches wurde mehrfach überliefert, anderes sehr oft verändert. Auch die Reihenfolge wurde mehrfach umgestellt. Auch deswegen darf dir vieles fremd vorkommen, wenn du versuchst, in der Bibel zu lesen.

Du kannst der Bibel näherkommen, wenn du dir vorstellst, dass die Geschichten darin an Lagerfeuern erzählt wurden. Mit Händen und Füßen erzählten starke Leute in der Gruppe die alten Geschichten so, dass die Zuhörer davon ganz bewegt waren. Jeder spürte: Der meint es ernst. Der redet nicht nur von gestern. Der hat selber erfahren, was er von der Freundschaft Gottes mit den Menschen erzählt. Das ist der Grund, warum er das einfach erzählen muss.

Durch solche glaubwürdigen Zeugen entstand eine lebendige Tradition. Wenn du in der Bibel liest, hörst du diesen Zeugen zu. Dabei wirst du auf viele Geschichten stoßen, die sogar an sich interessant sind. Du bekommst Weisheiten mit, die dir unmittelbar einleuchten. Du tauchst in einen Erfahrungsschatz ein, der dir nach und nach klarer werden lässt, wie nah Gott auch dir ist. Wie sehr er dein Freund sein will.

Bruder Paulus Terwitte

FREUNDSCHAFT MIT DER BIBEL SCHLIESSEN

ich nehme die bibel
in meine hände
schließe die augen
schlage die seiten auf

ich deute mit dem finger
auf eine seite
öffne die augen
werde still
lese

was dort geschrieben steht
berührt mich
passt genau
begleitet mich
heute
morgen
vielleicht auch länger.

Anna Salmen-Legler

MUT ZUM KÖRPER –
ÜBERBLICK ÜBER GEBETSHALTUNGEN

von Klaus Vellguth

GEFALTETE HÄNDE

zur ruhe gekommen,
die finger verschränkt,
zwischen den handflächen
eine einzige leere,
die kein hohlmaß messen kann.

umschlossen
von unbeweglichkeit,
damit die hektik
des alltags
nicht eindringen kann.

leere,
die sich langsam füllt
mit dem,
der alles ist.

KNIEN

nicht ganz hoch
hinauswollen,
nicht immer
der größte sein müssen.

nicht wie ikarus
die höhenluft schnuppern,
sondern in die knie gehen,
ohne aufzugeben.

im knien spüren,
wie gut es tut,
dass gott
einfach größer ist.

STEHEN

geradestehen
für all mein tun
und denken,
geradestehen für mich.

im stehen den atem
tief in mich einatmen
und spüren, wie er
meinen körper füllt.

im stehen ahnen,
dass außer atem
gottes lebenshauch
mich leben lässt.

SITZEN

ruhe spüren, still werden
und das glück genießen,
einfach nur da zu sein.

zuhören, mich öffnen
und lernen, dass ich nicht
immer etwas tun muss.

ganz bei mir sein,
mich wahrnehmen
und spüren, dass da
noch etwas anderes ist.

VERBEUGEN

den kopf geneigt,
den rücken gebeugt,
den blick zu boden
gerichtet
die andere größe spüren.

mit gespannten muskeln,
heraustretenden wirbeln
und befreiter seele
die andere freiheit ahnen.

den körper aufrichten,
den kopf erheben,
dem leben
neue richtung geben.

NIEDERLEGEN

den boden berühren,
erst mit den füßen,
dann mit den unterschenkeln,
schließlich mit ganzem körper.

bodenhaftung,
verwurzelung,
verbindung mit dem,
der trägt.

perspektivwechsel
und erkennen,
dass erst ganz am boden
auferstehung möglich wird.

MUT ZUM MITSAGEN –
CHRISTLICHE GRUNDGEBETE

KREUZ-ZEICHEN

Im Namen des Vaters und des Sohnes und des Heiligen Geistes. Amen.

DER KLEINE LOBPREIS

Ehre sei dem Vater und dem Sohn und dem Heiligen Geist. Wie im Anfang, so auch jetzt und alle Zeit und in Ewigkeit. Amen.

VATERUNSER

Vater unser im Himmel,
geheiligt werde dein Name.
Dein Reich komme.
Dein Wille geschehe,
wie im Himmel so auf Erden.
Unser tägliches Brot gib uns heute.
Und vergib uns unsere Schuld,
wie auch wir vergeben unsern Schuldigern.
Und führe uns nicht in Versuchung,
sondern erlöse uns von dem Bösen.
Denn dein ist das Reich
und die Kraft
und die Herrlichkeit in Ewigkeit.
Amen.

GEGRÜSSET SEIST DU, MARIA

Gegrüßet seist du, Maria, voll der Gnade, der Herr ist mit dir. Du bist gebenedeit unter den Frauen, und gebenedeit ist die Frucht deines Leibes, Jesus. Heilige Maria, Mutter Gottes, bitte für uns Sünder jetzt und in der Stunde unseres Todes. Amen.

APOSTOLISCHES GLAUBENSBEKENNTNIS

Ich glaube an Gott, den Vater, den Allmächtigen, den Schöpfer des Himmels und der Erde, und an Jesus Christus, seinen eingeborenen Sohn, unsern Herrn, empfangen durch den Heiligen Geist, geboren von der Jungfrau Maria, gelitten unter Pontius Pilatus, gekreuzigt, gestorben und begraben, hinabgestiegen in das Reich des Todes, am dritten Tage auferstanden von den Toten, aufgefahren in den Himmel; er sitzt zur Rechten Gottes, des allmächtigen Vaters; von dort wird er kommen, zu richten die Lebenden und die Toten.

Ich glaube an den Heiligen Geist, die heilige katholische Kirche, Gemeinschaft der Heiligen, Vergebung der Sünden, Auferstehung der Toten und das ewige Leben. Amen.

ENGEL DES HERRN

V Der Engel des Herrn brachte Maria die frohe Botschaft.

A Und sie empfing vom Heiligen Geist. Gegrüßet seist du, Maria ...

V Maria sprach: Siehe, ich bin die Magd des Herrn.

A Mir geschehe nach deinem Wort. Gegrüßet seist du, Maria ...

V Und das Wort ist Fleisch geworden

A und hat unter uns gewohnt. Gegrüßet seist du, Maria ...

V Bitte für uns, heilige Gottesgebärerin.

A Auf dass wir würdig werden der Verheißungen Christi.

V Lasset uns beten. Allmächtiger Gott, gieße deine Gnade in unsere Herzen ein. Durch die Botschaft des Engels haben wir die Menschwerdung Christi, deines Sohnes, erkannt. Führe uns durch sein Leiden und Kreuz zur Herrlichkeit der Auferstehung. Darum bitten wir durch Christus, unseren Herrn.

A Amen.

Greif zu –
dein Stück Bibel!
Impulse für Jugendliche
Marcus C. Leitschuh
Bruder Paulus Terwitte
Klaus Vellguth
Butzon & Bercker
Verlag Haus Altenberg

MARCUS C. LEITSCHUH BRUDER PAULUS TERWITTE KLAUS VELLGUTH
BEI GOTT BIST DU
CHAMPION
BUTZON & BERCKER

VON DEN HERAUSGEBERN SIND FOLGENDE WEITERE TITEL ERSCHIENEN:

Marcus C. Leitschuh · Bruder Paulus Terwitte · Klaus Vellguth

GREIF ZU – DEIN STÜCK BIBEL!

IMPULSE FÜR JUGENDLICHE

144 Seiten
Format: 10,5 x 15,5 cm
Durchgehend zweifarbig mit Fotos gestaltet
Klappenbroschur
ISBN 978-3-7666-0643-3

Marcus C. Leitschuh · Bruder Paulus Terwitte · Klaus Vellguth (Hg.)

BEI GOTT BIST DU CHAMPION

58 Seiten
Format: 16,3 x 18,5 cm
Durchgehend vierfarbig mit Fotos gestaltet
Gebunden
ISBN 978-3-7666-0913-7

DIE HERAUSGEBER

Marcus C. Leitschuh, geboren 1972; Lehrer für Deutsch und Religionslehre in Immenhausen bei Kassel; Berater der Jugendkommission der Deutschen Bischofskonferenz; Autor und Herausgeber zahlreicher Bücher

© Wonge Bergmann

Bruder Paulus Terwitte, geboren 1959; seit 1978 Mitglied des Kapuzinerordens, Seelsorger, seit 2006 Beauftragter für Berufungspastoral; eigene TV-Sendungen, Internet-Seelsorger

Klaus Vellguth, geboren 1965, verheiratet, drei Kinder; Dipl.-Religionspädagoge (FH), Professor für Missionswissenschaft; Leiter der Stabsstelle Marketing von missio in Deutschland

FOTONACHWEISE

Cover: © DWP; S. 8: © Helmut Singer; 10/11: © rolf bopp; 19: © Magdalena Kucova; 37: © claudio calcagno; 38/39: © Marc Heiligenstein; 43: © Jaroslav Machacek; 45: © Franz Pfluegl; 49: © Viktor Isaak; 73: © berlin2020; 75: © Alexander Maier; 77: © Edyta Pawlowska; 85: © Leah-Anne Thompson; 89: © Creativeye99; 96/97: © styf; 104: © DAN; 108/109: © hans slegers; 113: © ArtmannWitte; 114: © James Steidl; 118/119: © Gino Santa Maria; 120: © Cédric Bogdanski; 122: © richard villalon; 123: © Jekaterina Antsiferova; 124: © Magdalena Kucova; 126: © fux; 127: © Jürgen Platzmann; 129: © sugarhill; 130: © Mele Avery; 131: © James Thew; 133: © vansteenwinckel; 135: © iofoto; 137: © Vladislav Gajic; 139: © David Kimelberg; 140: © Stephan Heller; alle Fotos: Fotolia.com; S. 6: Bistum Osnabrück; S. 13: © Shuwal; 14/15: © doubleju; 17: © basilikum; 20: © Suha; 23: © persil; 25: © soulstormer; 27: © seloro; 28/29: © froodmat; 31: © sbuechel; 32/33: © area30; 34/35: © malsehenphoto; 40: © xxxxcesxxxx; 46/47: © day-walker; 50/51: © doc lopez; 53: © 0711concept; 54/55: © kanuaxel; 56: © anoehre; 58/59: © no i.d.; 60/ 61: © KimC.; 63: © mamamäh; 64: © cw-design; 67: © mal; 68/69: © Ben; 71: © zach; 79: © HessenJense; 81: © kallejipp; 82/83: © jana-milena; 86: © pheebs; 91: © miel+azucar; 92/93: © designmaniac; 94/95: © froodmat; 99: © due Friday; 100/101: © crocodile; 102/103: © pixelputze; 107: © smallfish; 110: © time2share; 116: © life_is_live; 117: © schiffner; alle Fotos: photocase.com